目次

JN102783

Contents

1

1 18世紀の東アジアの政治と国際秩序

18世紀の東アジアではどのような国際秩序が形成されたのだろうか。

ここがポイント
清は広大な地域をどのように支配したのだろうか。

ここがポイント
東アジアの各国は，清とどのような関係にあったのだろうか。

1 清の中国支配

・17世紀はじめ，中国東北地域で❶　　　　　人が❷　　　　　を建国
・❸　　　　滅亡
→❷の華北侵入，❹　　　　　帝のときに中国支配完成
・❷の最盛期：❺　　　　　帝・❻　　　　　帝の時代，モンゴルから東トルキスタン・チベットにいたる広大な地域を支配下におく
・東北地域や明の旧支配地は直轄地
⇔旧ジュンガルやモンゴルなどは❼　　　　　（非直轄地）とされる

2 清を中心とする東アジアの国際秩序

・❽　　　　　思想：中国の歴代王朝は，文明の中心である中国に対して，周囲の地を文化程度の低い地とみなした
・❾　　　　　：周囲の地の首長が貢ぎ物をもって来訪すること
・❿　　　　　：首長に爵位や王号をあたえて君臣関係を結ぶこと
→❷は❽思想を引きつぐ＝❷を中心とした東アジアの国際秩序の成立

3 朝貢と海禁

・⓫　　　　　：❸は沿岸部の治安維持のため民間商人の対外貿易を禁止
→❷は⓫をゆるめ，民間貿易も許可，ヨーロッパ各国も❷と貿易関係を結ぶ
⇔貿易港を⓬　　　　　1港に制限（1757）＝⓭　　　　　貿易

4 朝鮮と琉球

・朝鮮：身分が固定され，⓮　　　　　とよばれる地主層が支配をおこなう体制
→❷の❿を受け，日本にも⓯　　　　　を送って対等関係を結ぶ
・琉球：❸の❿を受け，⓰　　　　　貿易で繁栄
→⓱　　　　　藩の攻撃を受け支配下に，❷成立後は❷の❿を受ける
＝⓲　　　　　状態

5 江戸幕府の対外政策

・17世紀はじめ，⓳　　　　　幕府成立
→⓴　　　　　貿易など海外進出の動き
→㉑　　　　　の影響をおそれて「㉒　　　　　」政策をとり，❷とは❾関係を結ばず
⇔長崎など「四つの口」で東アジア，東南アジア，ヨーロッパとつながりさまざまな文物が流入

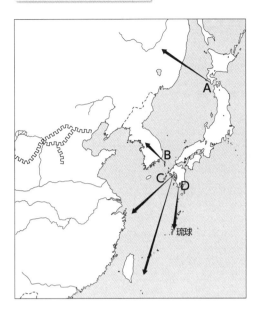

(1) 「4つの口」A～Dの名前を答えよう。

A（　　　　　）口　　B（　　　　　）口

C（　　　　　）口　　D（　　　　　）口

(2) Cで取引をおこなっていた国々を2つ答えよう。

（　　　　　　　　　　）

（　　　　　　　　　　）

(3) A・Dで取引がおこなわれていた商品を2つずつ答えよう。

A（　　　　　　　　　　　　　　　　）

D（　　　　　　　　　　　　　　　　）

まとめの問いにチャレンジ

整理 東アジア各国の対外政策を比較しよう。

① 各国別に対外政策を以下の表に整理してみよう。

明・清	
朝鮮	
琉球	
江戸幕府	

+α 清がヨーロッパとの貿易に制限を加えたのはなぜだろうか。

① 教科書も参考に，清がヨーロッパとの貿易にどのような制限を加えたか，まとめてみよう。

② 清がヨーロッパとの貿易に制限を加えた理由として，どのようなことが考えられるだろうか。

2 18世紀の東アジアの経済と社会

18世紀の東アジア各国の社会や経済に共通することは何だろうか。

1 東アジア各国の共通性

・18世紀の東アジア：社会が成熟期をむかえる

→農地開拓がすすみ限界に達する

→茶など❶　　　　　　　　　栽培への転換，トウモロコシやサツマイモなど❷　　　　　　　　　原産の新作物導入，商業・手工業の発展

ここがポイント

清の経済発展は，周辺諸国にどのような影響をあたえたのだろうか。

2 清の経済と社会

・清では，❸　　　が❹　　　　　　　　から大量に流入→経済発展

・18～19世紀にかけて，南部中心に人口が爆発的に増加

→商業・手工業への参入増加，海外移住の増加

　海外へ移住した人々は❺　　　　　・❻　　　　　　とよばれる

　同郷・同業者団体や，❼　　　　　学の理念にもとづく宗族の結束が強化・拡大

→国境をこえて広がる

3 朝鮮の経済と社会

朝鮮は清の❽　　　　　を受け，❾　　　　　　をおこなう

⇔対外貿易には消極的で❿　　　　　政策をつづける

・❼学の理念の浸透→宗族形成がすすむ

⇔❿政策のため海外への大量移民はおこらず，清からの移民も抑制

ここがポイント

朝鮮の経済と社会には，どのような特徴があったのだろうか。

4 日本の経済と社会

・18世紀の日本では，貴金属流出につながる輸入が制限され，海外貿易への依存度が減少

→⓫　　　　　の振興と輸入品の自給＝⓬　　　　　　化が必要に

・18世紀には農地拡大の限界をむかえる

→農具や肥料改良などによる生産力向上，❶の生産がさかんに：関西の綿，関東の⓭　　　　　，琉球・瀬戸内地域(讃岐)の⓮　　　　　など

→商品は商業・運輸業者によって国内各地に運ばれる，国内交通路も発達

・儒教など中国の影響も受けたが，一族より個々の家の内部と近隣社会との結束が優先される

→年貢を村全体の責任でおさめる⓯　　　　　制などは社会の実態を反映

ここがポイント

日本の経済と社会には，どのような特徴があったのだろうか。

5 海を通じた交易の活発化

・18世紀の中国では，東南アジアから鉱産物，食品，⓰　　　　　などが，インドから綿布などが送られる

⇔⓱　　　織物や⓲　　　　　　，茶がその対価となる

資料に取り組もう

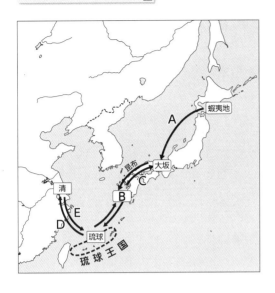

(1) A～Eに入る言葉を答えよう。

A（　　　　　　　）船　昆布

B（　　　　　）

C（　　　　　）

D（　　　　　）・昆布・銀

E（　　　　　）

まとめの問いにチャレンジ

整理 東アジア各国の社会と経済の共通点と相違点は何だろうか。

① 教科書を参考に，18世紀における清・朝鮮・日本の社会と経済の共通点と相違点を以下の表に整理してみよう。相違点は，人口・人の移動と朱子学の2点にわけて整理しよう。

共通点		
相違点	人口・人の移動	
	朱子学	

+α 東アジア・東南アジアの海域におけるモノの動きをまとめてみよう。

① 教科書 p.38～39も参考に，東アジア・東南アジアの海域におけるモノの動きを図にまとめてみよう。

3 国際商業の覇権争いと大西洋三角貿易

ヨーロッパ諸国の商業活動拡大とともに，どのような国々が覇権をにぎったのだろうか。

ここがポイント

なぜアジアの海の貿易ネットワークに参入しようとしたのだろうか？

1 オランダ東インド会社と日本

・17世紀初頭，❶_____設立

→ジャワのバタヴィアに拠点をおき，日本の平戸を含むアジア各地に商館を建設

→アジアの海の貿易ネットワークに参入，❷_____貿易で大きな収益を得た

→「❸_____」後の日本とも長崎の❹_____を通じて貿易をおこなう

2 オランダから英仏の覇権争いへ

・17世紀前半のオランダ：海上貿易で世界市場を支配する❺_____国家として繁栄

　←繁栄の基礎：中継貿易，❻_____工業，造船業

→❼_____海貿易を支配，東ヨーロッパから穀物や木材を輸入

→商工業で優位を得て，金融面でも支配的な地位を築く

・18世紀になると，後発の❽_____がオランダの貿易面での優位を掘り崩していった

・18世紀の❽：国際商業と植民地支配の主導権をめぐり❾_____と断続的に戦争をつづけた

→❿_____条約(1763)：カナダとミシシッピ川以東のルイジアナ獲得

→イングランド銀行による⓫_____引き受けを背景とした強大な海軍力を用いて，大西洋世界で広大な植民地帝国を形成

ここがポイント

貿易の発展がなぜ産業革命の基盤になったのだろうか？

ここがポイント

なぜアフリカ系⓮を労働力としたのだろうか？

3 大西洋三角貿易の展開

・❽による大西洋をまたいだ⓬_____貿易

→産業革命の基盤に

・北米南部からカリブ海地域の植民地では⓭_____

　_____(大農園)が発達

→⓭の労働力確保のため，アフリカ系⓮_____がもたらされる

→17〜18世紀に⓮貿易が拡大

(1) 教科書の図5を見て以下の地域間でやりとりされたもの・商品を整理してみよう。

　　①アメリカ大陸・西インド諸島→ヨーロッパ　（　　　　　　　　　　　　　　　　　　）

　　②ヨーロッパ→アフリカ　　　　　　　　　　（　　　　　　　　　　　　　　　　　　）

　　③アフリカ→ヨーロッパ　　　　　　　　　　（　　　　　　　　　　　　　　　　　　）

　　④アフリカ→アメリカ大陸　　　　　　　　　（　　　　　　　　　　　　　　　　　　）

　　⑤アジア→ヨーロッパ　　　　　　　　　　　（　　　　　　　　　　　　　　　　　　）

(2) 大西洋三角貿易に関わる地域間の商品の流れを(1)の①～⑤から3つ選んでみよう。

　　　　　　　　　　　　　　　　　　　　　　　　　　　（　　　・　　　・　　　）

▊ まとめの問いにチャレンジ ▊

整理 国際商業における覇権はなぜ移り変わったのだろうか。

① 国際商業において覇権をにぎった国の推移について，以下の空欄**ア**・**イ**を埋めてみよう。

　　17世紀：**ア**（　　　　　　　　　　）の覇権

　　→18世紀：**イ**（　　　　　　　　　　）・フランスの覇権争い

　　→18世紀後半：**イ**の覇権

② **イ**が覇権を獲得した背景について，以下の空欄**ウ**～**オ**を埋めてみよう。

　　a）**イ**が**ア**の**ウ**（　　　　　　　　）面での優位を掘り崩していった

　　b）**イ**が**エ**（　　　　　　　　　　）・**オ**（　　　　　　　　　　　　　　）の主導権をめぐる戦争に勝利

　　　した

③ ①・②をふまえ，整理の問いの答えを文章にまとめてみよう。

　　

＋α なぜオランダは，「鎖国」状態の日本で貿易を許されたのだろうか。当時の世界情勢のなかで考えてみよう。

① オランダでは何というキリスト教の宗派が信仰されていただろうか。

　　　　　　　　　　　　　　　　　　　　　　　　（　　　　　　　　　　　　　　　　）

② 「鎖国」前の日本で貿易を許されていたヨーロッパ諸国のうち，オランダと異なるキリスト教の宗派が信仰されていた国を2つあげてみよう。　（　　　　　　　　　　　　　　　　　）

③ ②が日本との貿易にどのような影響をあたえたかに注意しながら，＋αの問いの答えを文章にまとめてみよう。

4 農業社会から工業社会へ―産業革命

なぜ産業革命は，イギリスで最初におこったのだろうか。

1 産業革命の展開

(1) 産業革命とは

・18世紀後半のイギリスは，世界ではじめて農業社会から❶＿＿＿＿＿社会へと変化

→社会構造や人々の生活も大きく変化

(2) 産業革命の展開

・❷＿＿＿＿＿＿＿＿＿＿での綿工業の技術革新

＋安価な綿花の大量輸入

→イギリス産の綿糸・綿布の生産費が大幅に低下，海外市場に大量に輸出される

・綿工業の技術革新によって関連する分野も発展

・❸＿＿＿＿＿を利用した❹＿＿＿＿＿＿＿＿＿の出現

・❺＿＿＿＿＿＿＿＿＿＿＿による鉄・❸の大量消費

→輸送手段の発達を促進

・蒸気機関車の実用化による❻＿＿＿＿＿の建設，蒸気船の建造

→鉄工業や機械工業の発展

2 社会主義と植民地化のはじまり

イギリスの海外植民地は，産業革命とどのように関係していたのだろうか。

(1) 資本主義経済の確立

・産業革命によって❶都市が成立

→賃金労働者と❼＿＿＿＿＿＿＿＿＿の 2 つの階級が出現

→資本主義経済の確立，❽＿＿＿＿＿制機械工業による大量生産

→労働問題の発生

(2) ❾＿＿＿＿＿主義の誕生

資本主義経済の確立と❾主義の誕生は，どのような関係にあったのだろうか。

・労働問題に対し，労働者は団結して労働条件の改善を求める

→資本家を批判し，労働者を救う社会改革を主張する人々の出現

→一部の人々が利益を得る不平等を批判し，全体の幸福のために理想社会をめざす思想・運動＝❾主義が誕生

・❿＿＿＿＿＿＿＿＿とエンゲルス，『共産党宣言』出版(1848)

(3) 植民地化の進展

・ヨーロッパ諸国に産業革命が広がる

→原料や食料を輸入し，工業製品を輸出するため，アジア・アフリカ・ラテンアメリカの植民地化が進展

▐ 資料に取り組もう ▟

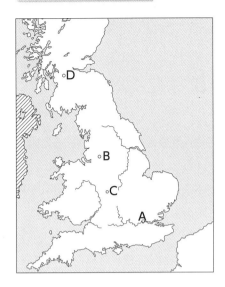

(1) 次の各都市でどのような産業が栄えていたか答えよう。
また，各都市の位置を地図中の**A〜D**より選び，記号で答えよう。

　①マンチェスター　**産業**（　　　　　　　）業

　　　　　　　　　　　位置（　　　）

　②バーミンガム　**産業**（　　　　　　　）業

　　　　　　　　　　　位置（　　　）

(2) 地図中の▨▨で示された地域名を答えよう。

（　　　　　　　　　　　　　　）

▐ まとめの問いにチャレンジ ▟

整理 **イギリスで産業革命がおこった原因を当時の対外関係から整理しよう。**

① イギリスの対外関係について，以下の空欄**ア〜ウ**を埋めてみよう。

・インド：**ア**（　　　　　　　　　　　　）が綿織物を輸入

→綿織物の**イ**（　　　　　）化に対する圧力

・北米を中心とした大西洋世界：広大な**ウ**（　　　　　　　）帝国を建設

→**ウ**貿易の発展

② ①も参考に，整理の問いの答えをまとめてみよう。

+α **イギリスを中心とした産業革命の進展は，世界にどのような影響をあたえただろうか。**

① ヨーロッパ諸国では何がおきたのだろうか。調べてまとめてみよう。

② アジアやアフリカ，ラテンアメリカでは何がおきたのだろうか。調べてまとめてみよう。

5 アメリカ独立革命

アメリカ合衆国は，どのようにして建国されたのだろうか。

ここがポイント
アメリカ合衆国建国の背景にはどのような思想があったのだろうか。

1 啓蒙思想と近代国家形成

・❶　　　　　　思想：17・18世紀のヨーロッパで生まれた，人間の社会を合理的に考え直そうとする動き

・❷　　　　　　　　説：国家や政府は人々の信託によってつくられるとする考え方

・イギリスの❸　　　　　　　：政府が不公正な場合には，人々がこれを打倒してもよいとする❹　　　　権・革命権を主張

2 本国イギリスと対立する13植民地

・17世紀以降，イギリスは北米大陸の東海岸に13植民地を建設

　北部：自営農業，商業，造船業

　南部：❺　　　　　制プランテーションでタバコなどを生産

・世界商業の覇権をめぐるフランスとの争いによる財政難

→18世紀なかば，イギリスは13植民地に対し増税をおこなう

→植民地の反発

ここがポイント
独立戦争はどのような経緯ではじまったのだろうか。

3 独立戦争

・1775年4月，イギリス本国と植民地の武力衝突

→植民地は❻　　　　　　　　　　を総司令官として独立戦争開始

→1776年7月4日，❼　　　　　　　採択：❽　　　　　起草

・1783年，イギリスによって独立承認

・1787年，❾　　　　　　　　　制定：連邦議会，大統領，連邦裁判所による❿

・1789年，連邦政府発足，初代大統領に❻就任

ここがポイント
アメリカ独立革命には，どのような成果と課題があったのだろうか。

4 独立革命の光と影

・アメリカ独立革命：平等な市民が政府を打倒し，新政府を樹立した歴史的事件（⓫　　　　　革命）

・❼は，アメリカ以外の近代国家形成や独立運動に影響を与えた

・一方でアメリカには課題も抱える：❺制維持，先住民迫害，女性参政権を認めず

→課題も今日まで影響を残す

アメリカ独立宣言 史料

……われわれは，自明の真理として，すべての人は平等に造られ，造物主によって，一定の奪いがたい天賦の権利を付与され，そのなかに生命，自由および幸福の追求の含まれることを信ずる。また，これらの権利を確保するために人類のあいだに政府が組織されたこと，そしてその正当な権力は被治者の同意に由来するものであることを信ずる。そしていかなる政治の形体といえども，もしこれらの目的を毀損するものとなった場合には，人民はそれを改廃し，かれらの安全と幸福とをもたらすべしとみとめられる主義を基礎とし，また権限の機構をもつ，新たな政府を組織する権利を有することを信ずる。……

アメリカ独立宣言から削除された文（一部）史料

……（イギリス）国王は，人間性そのものに反する残忍なたたかいをおこない，いまだかつてかれに逆ったことのない僻遠の地のひとびとの，生命と自由という最も神聖な権利を侵犯し，かれらを捕らえては西半球の奴隷制度のなかに連れこんでしまうか，あるいは運搬の途上にて悲惨な死に至らしめた。……

(1) 史料「アメリカ独立宣言から削除された文」には，どのような制度に対する反省が記されているだろうか。

（　　　　　）制

(2) 史料「アメリカ独立宣言から削除された文」は史料「アメリカ独立宣言」のどの部分と矛盾するだろうか。下線を引いてみよう。

まとめの問いにチャレンジ

整理 アメリカ独立革命が成功した要因として最も重要なことは何だろうか。

① 独立戦争で植民地軍が優勢になった背景について，以下の空欄**ア**・**イ**を埋めてみよう。

・1776年 7 月 4 日，**ア**（　　　　　　　　　　）採択→兵士の士気が高まる

・**イ**（　　　　　　　　）などの国際的な支援を得る

② ①も参考に，整理の問いの答えをまとめてみよう。

+α アメリカ独立革命はのちの人々にどのような影響をあたえたのだろうか。

① アメリカ独立革命の影響について，教科書も参考に以下の空欄**ウ**〜**オ**を埋めてみよう。

・**ウ**（　　　　　　　　）は権利の主体をすべての人とした

→アメリカ以外の地域の**エ**（　　　　　　　　　　　）や**オ**（　　　　　　　　）に影響をあたえた

② ①も参考に，アメリカ独立革命がのちの人々にあたえた影響について調べ，具体例を一つ選んでまとめてみよう。

6 フランス革命

フランスの旧体制はど
のように打倒されたの
だろうか。

ここがポイント

フランスの旧体制とは，
どのような体制だったの
だろうか。

ここがポイント

フランス革命は，どのよ
うに進行したのだろうか。

ここがポイント

フランス革命の影響は，
どのようにして国外に広
まっていったのだろうか。

ここがポイント

フランス革命には，どの
ような成果と課題があっ
たのだろうか。

1 国民議会の結成

・アメリカ独立革命：フランスに影響をあたえる

・18世紀のフランス：国王による専制政治，聖職者と貴族は❶　　　　　　　身
　　分として税を免除され，平民(❷　　　　　　身分)に重税が課される

・イギリスとの戦争などによる財政難

→国王の❸　　　　　　　　　は❶身分への課税を計画

→❶身分は❹　　　　　　　の召集を要求

→❹で特権身分と❷身分が対立，❷身分は❺　　　　　　　　　を結成

2 憲法の制定

・国民議会弾圧の動き

→1789年7月，パリの民衆がバスティーユ牢獄を襲撃，蜂起は農村にも拡大
　　10月には国王一家をヴェルサイユ宮殿からパリに連行

→❺は国王に❻　　　　　　　などを承認させ，1791年に❼
　　　　　　　政の憲法を制定

→国王はオーストリアへの逃亡をはかるなどして革命勢力と対立を深める

3 革命戦争と国王の処刑

・憲法にもとづく選挙後に❽　　　　　　　　招集

→1792年4月，オーストリアに宣戦

→フランス軍は苦戦，民衆は義勇軍を結成

→王宮を制圧して王政を停止

・男子普通選挙によって❾　　　　　　　成立

→❿　　　　　　　　派が主導権を握った❾は，王政廃止と共和政開
　　始を宣言＝⓫　　　　　　　政→国王処刑

4 諸国の対応と恐怖政治

・革命の波及をおそれる諸国が⓬　　　　　　　　　を結成

→戦争拡大に対し，❿派は⓭　　　　　　　　を実施して危機に対応

→不満が高まり，⓮　　　　　　　　が処刑されて，❿派の
　　独裁は終了

5 国民主権と独裁

・フランス革命：各地に影響，近代⓯　　　　　　　　の原理を確立，一
　　方で女性など国民から排除された人々も存在

・⓭：国民主権実現をめざす政権が反対派の人権を暴力と独裁で抑圧
＝現在も未解決の課題

資料に取り組もう

	女性および女性市民の権利宣言	人権宣言
第1条	女性は，自由なものとして生まれ，かつ，権利において男性と平等なものとして生存する。……	人は，自由，かつ，権利において平等なものとして生まれ，生存する。……
第6条	法律は，一般意思の表明でなければならない。すべての女性市民と男性市民は，みずから，またはその代表者によって，その形成に参加する権利をもつ。法律は，すべての者に対して同一でなければならない。……	法律は，一般意思の表明である。すべての市民は，みずから，またはその代表者によって，その形成に参加する権利をもつ。……
第10条	何人も，自分の意見について，たとえそれが根源的なものであっても，不安をもたされることがあってはならない。女性は，処刑台にのぼる権利をもつ。同時に，女性は，その意見の表明が法律によって定められた公の秩序を乱さない限りにおいて，演壇にのぼる権利をもたなければならない。	何人も，その意見の表明が法律によって定められた公の秩序を乱さない限り，たとえ宗教上のものであっても，その意見について不安をもたされることがあってはならない。

(1) 各条文を比較して，『女性および女性市民の権利宣言』の文章で『人権宣言』と異なっている箇所に下線を引こう。

まとめの問いにチャレンジ

整理 フランス革命の原因は何だろうか。

① フランス革命直前の推移について，以下の空欄ア～エを埋めてみよう。

・アメリカ：1775年，ア（　　　　　　　　　　　）開始（～1783）

・18世紀のフランス：国王による専制政治，特権身分であるイ（　　　　　　　）（第一身分）と

　ウ（　　　　　）（第二身分）は税を免除される⇔エ（　　　　　）（第三身分）に重税が課される

② ①も参考に，整理の問いの答えをまとめてみよう。

+α あなたは，ジャコバン派の恐怖政治をどう評価するか。革命の理想のために，テロや独裁は許されるだろうか。

① ジャコバン派はどのような目標を掲げていたのだろうか。

② 恐怖政治とはどのような政治だろうか。また，なぜはじまり，なぜ終わったのだろうか。

③ ①・②も参考に，ジャコバン派の恐怖政治をどう評価するか，あなたの意見をまとめてみよう。

13

7 イギリスに挑戦したナポレオン

ナポレオンの登場は，革命の伝播にどのような影響をあたえたのだろうか。

ここがポイント

革命戦争は，なぜ各地に広がったのだろうか。

ここがポイント

ナポレオンは，どのようにして権力をにぎったのだろうか。

ここがポイント

戦争はどのようにして終わりをむかえたのだろうか。

1 ヨーロッパをこえた革命戦争

・フランスは各地に海外貿易の拠点をもつオランダを占領(1795)

→イギリスの貿易ネットワークに脅威をあたえる

・フランスは，イギリスと❶　　　　　　　　　　の連携を断つため，❷　　　　　　　　　　　　　率いる軍隊を❸　　　　　　　　　　　に派遣

→イギリスは，インド南部のマイソール王国を征服，❹　　　　　　　　の戦いでフランスに勝利

⇒革命戦争は英仏の世界商業の覇権をめぐる争いに発展

2 ナポレオン戦争

・❷は❸を脱出し，クーデタで❺　　　　　　　　　　　　　　を樹立し第一統領就任

→国民投票で皇帝就任(1804)＝❻　　　　　　　　　政

→征服戦争でヨーロッパ大陸を支配，植民地戦争もあいまって❷戦争の影響は世界各地にもおよぶ

3 イギリスの勝利

・❷は❼　　　　　　　　　　　　　を発布(1806)

＝大陸諸国をイギリス経済と切り離し，フランス経済の市場とする試み

→大陸諸国の経済に打撃

→❷に対する反発の強まり

→スペイン反乱(1808)，❽　　　　　　　　　　遠征での敗北(1812)

→❾　　　　　　　　　　　　　　　の戦い(1813)で敗北

→エルバ島へ配流

・❷は❿　　　　　　　　　　　会議中に脱出して皇帝に復位

→⓫　　　　　　　　　　　　　　　の戦いで敗北

→セント＝ヘレナへ配流

⇒17世紀以来の英仏の争いはイギリスの勝利で決着

4 ナポレオンの功罪

・❷はフランス革命の理念にもとづく諸法典を編纂

→征服戦争などで各地に広まり，近代国民国家をめざす動きを促進

⇔諸法典は自由や平等といった理念を十分に保障せず＝女性が法的に劣位におかれた

→このような社会のあり方も各地に伝播し，その後の課題に

イギリス首相
ピット
ナポレオン

(1) 2人は何を切り取ろうとしているのだろうか。
風刺画に書かれた英単語を抜き出そう。

ピット（   ）

ナポレオン（   ）

(2) この風刺画は，どのような国際情勢を描いて
いるのだろうか。文章でまとめてみよう。

まとめの問いにチャレンジ

整理 ナポレオンは何をめざしたのだろうか。また，それはどの程度達成できたのだろうか。

① 大陸封鎖令の目的は何だったのだろうか。

② ①も参考に，整理の問いの答えを文章にまとめてみよう。

+α 現在からみて，ナポレオンの業績はどう評価できるだろうか。

① ナポレオンの業績で肯定的に評価できる点をまとめてみよう。

② ナポレオンの業績で否定的に評価しなければならない点をまとめてみよう。

8 大西洋をこえて広がった革命

フランス革命は，大西洋を囲む地域にどのような影響をあたえたのだろうか。

1 ウィーン体制の成立

・ナポレオン失脚後，❶＿＿＿＿＿＿の主導で❷＿＿＿＿＿会議開催（1814〜15）

→ヨーロッパをフランス革命以前の状態に戻す❸＿＿＿＿主義で合意

→フランスで王政復活，❷体制が成立

2 ラテンアメリカの独立

・フランス革命の理念の広まり

→❷体制の動揺

・フランス領サン＝ドマング：アフリカ系奴隷の蜂起

→❹＿＿＿＿＿として独立（1804）

・スペイン領植民地：植民地生まれの白人＝❺＿＿＿＿主導の独立運動

→1825年までにほぼ独立を達成

・ブラジル：❻＿＿＿＿＿の王子を皇帝として独立（1822）

・❼＿＿＿＿：イギリスの産業革命から，アメリカ独立革命やフランス革命を経て，ラテンアメリカの独立に至る一連の社会システムの変革

3 「諸国民の春」

・ヨーロッパでも，同じ言語や宗教，文化をもつ人々が一つの政治的なまとまりをもつべきという国民意識がめばえる

→国民国家をつくろうとする❽＿＿＿＿＿＿の動き

・フランス：❾＿＿＿革命（1830），❿＿＿＿革命（1848）

・❿革命では臨時政府成立＝⓫＿＿＿＿政

・❿革命はヨーロッパ各地に広がり，「⓬＿＿＿＿」とよばれる革命運動に発展

→❶失脚，❷体制崩壊

・保守派の巻き返しでこれらの革命運動は鎮圧

→フランス：ルイ＝ナポレオンが国民投票で⓭＿＿＿＿となる＝⓮＿＿＿政

→社会政策と積極的な対外政策で人気を保つ

→⓯＿＿＿＿戦争で大敗し，⓮政崩壊

→大統領制・普通選挙・二院制を定めた⓰＿＿＿政の憲法成立（1875）＝フランス革命以来の共和政が定着

ここがポイント
フランス革命とラテンアメリカの独立はどのように関係していたのだろうか。

ここがポイント
フランス革命はヨーロッパ諸国にどのような影響をあたえたのだろうか。

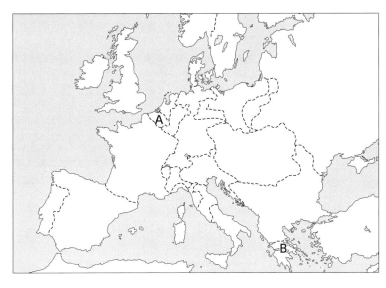

(1) プロイセン王国，オーストリア帝国，サルデーニャ王国をそれぞれ着色しよう。

(2) ウィーン会議で決定したオーストリア帝国の獲得地とプロイセン王国の獲得地に斜線を引こう。

(3) 1830年前後に独立を達成したA・Bの国名を答えよう。

A（　　　　　　　　）

B（　　　　　　　　）

まとめの問いにチャレンジ

整理 ラテンアメリカ諸国の独立が成功した要因は何だろうか。

① ラテンアメリカ諸国ではどのような独立運動がおこったか，まとめてみよう。

② ①も参考に，整理の問いの答えをまとめてみよう。

＋α ナショナリズムの動きは，なぜ大西洋沿岸に広まったのだろうか。

① 18世紀後半から19世紀前半にかけて，大西洋沿岸に広まったナショナリズムの動きの具体例をできるだけあげてみよう。

② ①も参考に，＋αの問いの答えを調べてまとめてみよう。

9 イギリスの繁栄

19世紀の世界経済の緊密なつながりには，どのような特徴があっただろうか。

ここがポイント

イギリスの影響力はどのようにして世界全体におよんだのだろうか。

1 パクス＝ブリタニカ

・❶＿＿＿＿＿＿＿＿＿＿＿＿＿：19世紀に成立，巨大な経済力をもつイギリスを中心とした世界的な分業体制（❷＿＿＿＿＿＿＿＿＿＿＿＿）

・清やオスマン帝国：イギリスで産業革命がすすむにつれ❷に組みこまれはじめる

→欧米諸国に工業原料や食料を輸出する従属国に

・❸＿＿＿＿＿＿＿＿＿＿＿＿：イギリスによる植民地支配がおこなわれる

→綿織物の輸出国から輸入国へ

・19世紀後半以降，イギリスから❸へ多額の資本が投下

→イギリス資本による❹＿＿＿＿＿建設も進行

・イギリス・インド・中国を結ぶアジアの❺＿＿＿＿＿貿易が成立

→❷は，アジアを組み込みグローバルなものへ

2 自由貿易体制と「世界の工場」

・産業革命を達成したイギリス：❻＿＿＿＿＿＿＿＿＿＿政策をとる

→❼＿＿＿＿＿＿＿＿＿＿＿の中国貿易独占権廃止（1833）

安価な輸入小麦に高額関税を課す❽＿＿＿＿＿廃止（19世紀なかば）

外国船を海外貿易から排除する❾＿＿＿＿＿廃止（19世紀なかば）

→❻体制の確立，産業資本家は労働者の賃金を低くおさえることが可能に

→イギリスは農産物や工業原料を輸入して，工業製品を輸出

→「❿＿＿＿＿＿＿＿＿＿」とよばれるように

・貿易や海運業の発展

→金融業や保険業の発展

→オランダのアムステルダムに代わり，ロンドンの⓫＿＿＿＿＿＿＿が世界の通商・金融の中心地に

ここがポイント

イギリスではどのようにして⓭が発展したのだろうか。

3 議会制民主主義

・3度の⓬＿＿＿＿＿改正

→産業資本家や労働者階級も選挙権を獲得

⇔女性は依然として排除される

・初等教育法や労働組合法などの法整備（19世紀後半）

→イギリスの政治改革の進展

→⓭＿＿＿＿＿＿＿＿＿＿の母国として他国のモデルに

(1) A～Dに入る国名を答えよう。

A (　　　　　　　　)

B (　　　　　　　　)

C (　　　　　　　　)

D (　　　　　　　　)

(2) E・Fに入る言葉を答えよう。

E (　　　　　)

F (　　　　　)

図中テキスト：バルカン諸国　「カネ」資本の輸出　ロシア　「モノ」 E 製品の輸出　ラテンアメリカ諸国　その他のヨーロッパ諸国　A　英　「ヒト」の移動(F)　B　独　C　オセアニア　カナダ　東アジア　東南アジア　アフリカの一部　オスマン帝国　食料・工業原料の輸入　D　中核　半周辺　周辺　原料 食料 労働力　製品

『 まとめの問いにチャレンジ 』

整理 「パクス＝ブリタニカ」の19世紀は、それ以前の世界各地の交流と比べて、どのような違いがあるだろうか。

① 「パクス＝ブリタニカ」とはどのような時代をさす言葉だろうか。まとめてみよう。

② ①も参考に、整理の問いの答えを文章にまとめてみよう。

+α 19世紀イギリスの女性参政権のない議会制民主主義を、どう評価したらよいだろうか。

① 19世紀イギリスの議会制民主主義で肯定的に評価できる点をまとめてみよう。

② 19世紀イギリスの議会制民主主義で否定的に評価しなければならない点をまとめてみよう。

10 後発国による「上からの近代化」

後発国では，どのように国民国家の形成がすんだのだろうか。

ここがポイント

クリミア戦争は後進国の近代化にどのような影響をあたえたのだろうか。

ここがポイント

イタリアの統一はどのようにして実現したのだろうか。

ここがポイント

ドイツの統一はどのようにして実現したのだろうか。

1 クリミア戦争と後発国の近代化

・オスマン帝国の弱体化

→❶ 　　　　　　　　は東地中海への南下政策をすすめる

→イギリス・フランスが介入，❷ 　　　　　　　　戦争勃発

→ロシア敗北

→自国の近代化の遅れに危機感を抱いた各国は，政府が改革の主体となって，国民国家と統一市場の形成，工業化を強行

＝「❸ 　　　　　　　　　　　　　」

2 イタリアの統一

・イタリア：諸国に分立

→❹ 　　　　　　　　　　　王国が首相❺ 　　　　　　　　　のもとで工業化に成功，国家統一を推進

→❻ 　　　　　　　　　　の支援を受け，❼ 　　　　　　に宣戦してイタリア北中部を併合

　❽ 　　　　　　　　　　　　が義勇軍を率いて❾ 　　　王国を征服し，❹国王に献上

→イタリア王国成立(1861)

⇔豊かな北部と貧しい南部の経済格差をめぐる問題などの課題も残存

3 ドイツの統一

・ドイツ：諸国に分裂

→産業革命に成功し，高い軍事力をほこる❿ 　　　　　　　　王国首相の⓫ 　　　　　　　　　が統一を主導

→⓬ 　　　　　　　　　　　　戦争に勝利してドイツ北部を統一

→⓭ 　　　　　　　　　　　　戦争に勝利

→ドイツ帝国成立(1871)

・⓫は⓮ 　　　　　　　　運動を取りしまる一方，労働者保護政策を展開また，⓯ 　　　　貿易政策をとって，急速な工業化と経済成長に成功対外的には，❼・イタリアと⓰ 　　　　　　　　を結成

→フランスを孤立させる

・❼は，⓱ 　　　　　　　　　帝国を形成

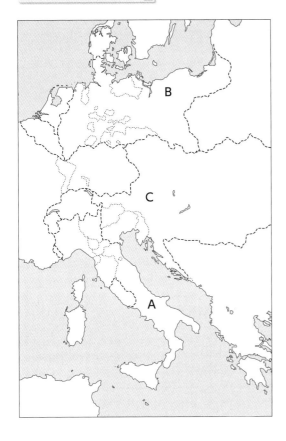

(1) A～Cに当てはまる国名を答えよう

A (　　　　　　　　　　　　　　　　　) 王国

B (　　　　　　　　　　　　　　　　　) 王国

C (　　　　　　　　　　　　　　　　　) 帝国

(2) イタリア王国が1866年，1870年に併合した領土を着色しよう。

(3) 1871年に成立したドイツ帝国の領域を線で囲もう。

まとめの問いにチャレンジ

整理 「上からの近代化」にはどのような特徴があるだろうか。

① どのような特徴があるかに注意しつつ，「上からの近代化」とは何かまとめてみよう。

+α イタリア・ドイツの統一や近代化と，日本の明治維新を比べてみよう。

① イタリア・ドイツの統一や近代化と，日本の明治維新の共通点について，調べてまとめてみよう。
「国内の統一」，「上からの近代化」という言葉を必ず使うようにしよう。

11 ロシアの近代化と南下政策

ロシアは，どのようにして近代化をはかろうとしたのだろうか。

1 ロシアと西欧近代

ロシア：皇帝による専制政治と❶＿＿＿＿＿＿制が残存

→貴族出身の青年将校らによる❷＿＿＿＿＿＿＿＿＿＿の乱(1825)

→失敗，皇帝は改革運動を弾圧し，対外的にも革命運動を鎮圧

2 クリミア戦争

・ロシアによる❸＿＿＿＿＿＿政策の推進

→オスマン帝国との間で❹＿＿＿＿＿＿＿＿戦争勃発

→イギリス・フランスがオスマン帝国を支援，ロシア敗北

→❺＿＿＿＿＿条約(1856)で黒海の中立化と軍艦の航行禁止などが定められ，
ロシアの❸政策は失敗に終わる

→西欧に対抗するための制度的な改革をせまられる

3 ロシアの改革と挫折

ここがポイント
ロシアの改革は何をきっかけにはじまったのだろうか。

・皇帝❻＿＿＿＿＿＿＿＿＿＿＿＿：クリミア戦争敗戦後，
大改革に着手

→❼＿＿＿＿＿＿＿令発布(1861)

→ポーランドの反乱を機に改革は中断，皇帝は反動化

⇔都市の知識人らは，農民の啓蒙を通して改革をめざす運動をおこない，

　　❽＿＿＿＿＿＿＿＿＿＿とよばれる

4 激化するバルカン情勢

ここがポイント
バルカン半島では，どのような利害が対立していたのだろうか。

・1870年代，バルカン半島でスラヴ人の独立・団結をめざす運動がおこる

→❾＿＿＿＿＿＿＿＿＿戦争(1877～1878)

→❿＿＿＿＿＿＿＿＿＿＿条約締結

→ルーマニア・セルビア・モンテネグロの独立承認，⓫＿＿＿＿＿＿
　　　　＿＿がロシアの保護国に

→イギリスやオーストリアの反発

→⓬＿＿＿＿＿＿＿＿＿の調停で⓭＿＿＿＿＿＿会議開催(1878)

→⓭条約締結，⓫はオスマン帝国内の自治国，⓮＿＿＿＿
　　　　　　　＿＿はオーストリアの管理下に

→バルカン半島をめぐる複雑な利害対立は第一次世界大戦の遠因に

・南下を阻止されたロシアは中央アジアや東アジアへ矛先を転換

→イギリスや⓯＿＿＿＿＿との対立

(1) 左の図で船の接岸を人が補助しているのはなぜだろうか？

(2) 右の図は，ロシアのどのような社会状態を風刺しているのだろうか。

まとめの問いにチャレンジ

整理 ロシアの近代化は，どのように展開したのか，西欧諸国と比較しながらまとめよう。

① 西欧に対抗するための制度的な改革は，ロシアでどのようにしてはじまり，その後どのような経過をたどったのだろうか。

② ①も参考に，整理の問いの答えをまとめてみよう。

＋α 南下政策に失敗したロシアは，どのような行動をとり，それは国際関係にどのような影響をあたえたのだろうか。

① 教科書も参考に，＋αの問いの答えをまとめてみよう。

12 アメリカ合衆国の膨張

アメリカ合衆国では，どのようにして国民国家が形成されたのだろうか。

ここがポイント

アメリカ合衆国はどのようにして領土を拡大したのだろうか。

1 大陸国家への道

・独立後のアメリカ合衆国：領土を西方へ拡大し，大陸国家へと着実に発展

・白人入植者は西部開拓をすすめ❶ _____ が西に移動

・カリフォルニアで金鉱発見（1848）

→❷ _____ がおこり，東部からの移住に拍車がかかる

・❸ _____ 法（1830）：先住民をミシシッピ川以西の居留地に強制移動

＝西部開拓は先住民の土地をうばい，圧迫しつつすすめられた

・南部と北部の政治対立の表面化

南部：❹ _____ 経営中心，❺ _____ 貿易を主張

北部：商工業中心，❻ _____ 貿易を主張

・連邦政府の権限や❼ _____ 制の存続をめぐっても南北は激しく対立

ここがポイント

❶戦争は，なぜおきたのだろうか。

2 南北戦争

・❽ _____ 党：❼制の拡大阻止を求める，北部が地盤

・❽党の❾ _____ が❿ _____ 党候補を破って大統領に当選

→❼制維持を求める南部諸州は合衆国を離れ，アメリカ連合国を結成

→⓫ _____ 戦争（1861〜65）

・❾は⓬ _____ 宣言を発布（1863）

→国内外の世論を味方につけ，北部が勝利

・戦後のアメリカでは，国民国家としての統合が進み，工業化が進展

ここがポイント

⓫戦争後，アメリカ合衆国では何がおきたのだろうか。

3 経済発展と奴隷解放

・最初の⓭ _____ が開通（1869）

→国内市場の拡大とともに重工業が発展，19世紀末には世界一の工業国に

　　アイルランドや南欧・東欧からの⓮ _____ が工業化を支える

　　西部では，中国や日本からのアジア系⓮が鉄道建設や農園労働を担う

・❶の消滅が宣言される（1890）

→積極的な海外進出を行う機運も生まれる

・南北戦争後，❼は解放され，市民権と参政権を得て法的には白人と平等に

⇔経済的な格差が存在，「分離すれども平等ならば」合憲とする最高裁判所の判決により，合法的な人種分離もすすむ

→現代までつづく人種差別の一因に

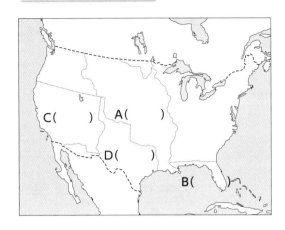

(1) 独立当時のアメリカ合衆国を着色しよう。

(2) A〜Dに当てはまる地名を次から選び，地図中の(　)に記号を記入しよう。

　　a　テキサス　　　b　ルイジアナ
　　c　フロリダ　　　d　カリフォルニア

(3) アメリカがA〜Dの領土を獲得した順に並べてみよう。

　　(　　　　→　　　　→　　　　→　　　　)

まとめの問いにチャレンジ

整理　南部と北部の対立軸を表にまとめ，なぜそのような対立が生じたのか考えよう。

① 南部と北部の対立軸を表にまとめてみよう。

北部		南部
	貿易政策	
	連邦政府の権限	
	奴隷制への賛否	

② ①も参考に，なぜそのような対立が生じたのかまとめてみよう。

+α　アメリカはどのようにして国民国家を形成していったのかまとめよう。

① アメリカにおける国民国家形成のあゆみについて調べてまとめてみよう。「奴隷」,「南北戦争」,
「移民」,「人種差別」という言葉を必ず使うようにしよう。

25

13 オスマン帝国の衰退と西アジア

西アジアのイスラーム世界はヨーロッパ諸国の進出にどのように対応したのだろうか。

1 オスマン帝国の動揺

- ・オスマン帝国：18世紀に衰退しはじめる
- ・19世紀前半，ヨーロッパの動向を受けてナショナリズムが高まる
- →❶ _____ 独立
- ・❷ _____ 戦争
- →❸ _____ 率いるエジプトも事実上独立
- ・アラビア半島：イスラーム改革運動によって，❹ _____ 王国建設

ここがポイント

オスマン帝国では，なぜ改革の動きが生まれたのだろうか。

2 タンジマート

- ・ヨーロッパ列強にならった改革によって危機を乗りこえようとする
- →ギュルハネ勅令(1839)から❺ _____ 憲法発布(1876)までの一連の上からの改革＝❻ _____
- →❼ _____ 戦争勃発を口実に憲法停止
- →❻失敗

ここがポイント

ヨーロッパ諸国の進出に対し，西アジアではどのような動きが生まれたのだろうか。

3 ロシアの南下と西アジア

- ・オスマン帝国の軍事的弱体化
- →ヨーロッパ列強は進出の圧力を強め，なかでもロシアは❽ _____ 政策をおしすすめ，オスマン帝国と衝突をくり返す
- →オスマン帝国はバルカン半島の大半の領土を失う
- ・イラン：サファヴィー朝滅亡後，❾ _____ 朝が全土を統一(1796)
- →❿ _____ 条約(1828)でアゼルバイジャンやアルメニアをロシアに割譲

4 民族主義の高まり

- ・フランス人レセップスが⓫ _____ を完成(1869)
- →急激な近代化や運河の建設でエジプトは財政難に
- →⓫会社の株式がイギリスに売却(1875)
- ・「エジプト人のエジプト」を掲げて軍人の⓬ _____ が蜂起(1881)
- →イギリス軍によって鎮圧，エジプトはイギリスの実質的な保護国に
- ・イランでは，イギリス人の利権独占に反発して⓭ _____ 運動がおきる

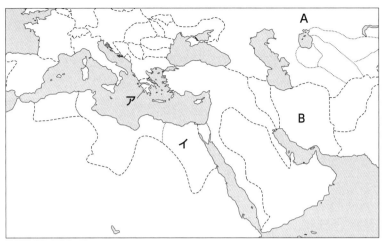

(1) 1683年当時のオスマン帝国の領域を線で囲もう。

(2) ア・イの地域の名称を答えよう。

　ア（　　　　　　　　）

　イ（　　　　　　　　）

(3) A・Bにあてはまる国名・王朝名を答えよう。

A（　　　　　　　　）帝国

B（　　　　　　　　）朝

まとめの問いにチャレンジ

整理 タンジマートやその他の国の試みは，それぞれどのような結果をもたらしたのだろうか。

① 各国でどのような試みがなされ，どのような結果をもたらしたか，以下の表に整理してみよう。

オスマン帝国	
エジプト	
カージャール朝 （イラン）	

＋α なぜ，同じ時期に西アジア各地でナショナリズムが台頭したのだろうか。

① 当時の西アジアはどのような国際情勢のもとにおかれていただろうか。各国の共通点を考えてみよう。

② ①も参考に，＋αの問いの答えをまとめてみよう。

14 南アジアと東南アジアの植民地化

ヨーロッパ諸国による植民地化は，南アジアや東南アジアにどのような影響をあたえたのだろうか。

ここがポイント

南アジアの植民地化はどのようにすすんだのだろうか。

ここがポイント

東南アジアの植民地化はどのようにすすんだのだろうか。

ここがポイント

東南アジアの植民地開発は他の地域や国々とどのように結びついていたのだろうか。

1 インド大反乱と南アジアの植民地開発

・18世紀後半，ムガル帝国衰退

→❶ _____ 会社，❷ _____

　の戦いに勝利し，領土支配に乗りだす

→19世紀なかばには，インドのほぼ全域でイギリスの支配体制が確立

・❸ _____ (1857〜59)でインド人の反感が爆発

→イギリスのインド支配の動揺，反乱鎮圧，ムガル皇帝の廃位

→❶会社解散，本国政府の直接統治

→❹ _____ 成立(1877)

・イギリスはインドに❺ _____ 貿易政策をおしつけ，インドの綿花・茶・アヘンなどを欧米やアジアに大量に輸出

→イギリス本国の国際収支の赤字削減に貢献

・英語教育によって，下級官吏・弁護士などエリート層が形成

→民族資本家や裕福な地主とともに，❻ _____ 結成(1885)

→インドからの富の流出をきびしく批判する勢力が現れる

2 東南アジアの植民地化の進展

・ヨーロッパ諸国は，原料供給地・市場獲得を目的として，東南アジアの植民地化をすすめる

→群島部では，オランダ，スペイン，ポルトガルによる植民地化がおこなわれ，マレー半島と大陸部ではイギリスとフランスによる侵略がすすむ

→❼ _____ を除く東南アジア全土がヨーロッパ諸国によって分割される

3 東南アジアの植民地開発と移民

・東南アジアの植民地化は，開発の進展と世界市場への統合を意味した

→オランダ領東インドやイギリス領マレー，フィリピンは，商品作物や鉱産物の生産に特化した❽ _____ 経済が発展

・タイやイギリス領ビルマ，フランス領コーチシナでは，米の❽経済が発展

・日用の生活雑貨品はインド・日本・中国から輸入

→それらを取り次ぐ自由貿易港として❾ _____ が繁栄

＝❿ _____ 貿易の発展は，植民地開発に不可欠

・交通の発達

→人の移動が活発化するとともに，中国系移民(⓫ _____)やインド系移民(⓬ _____)が大量に東南アジアに流入

(1) フランスの植民地を着色しよう。

(2) オランダの植民地を着色しよう。

(3) A・Bに当てはまる国名を答えよう。

A (　　　　　　　　)

B (　　　　　　　　)

まとめの問いにチャレンジ

整理 南アジア・東南アジアの植民地化の過程についてまとめてみよう。

① 南アジア・東南アジアの植民地化の過程を以下の表に整理してみよう。

南アジア	東南アジア

+α 東アジア，東南アジア，南アジアのなかでのヒトとモノの動きを整理しよう。

① 教科書 p.75小見出し「東南アジアの植民地開発と移民」の記述も参考に，＋αの問いの答えをまとめてみよう。

15 東アジアの動揺

欧米諸国が，清や日本に開港（開国）を求めたねらいは，何だったのだろうか。

ここがポイント

清へのヨーロッパ諸国の進出はどのようにすすんだのだろうか。

ここがポイント

日本開国はどのようにすすんだのだろうか。

1 三角貿易とアヘン・綿製品

・❶　　　　　　　貿易によってイギリスでは中国紅茶の輸入が急増

→インドから❷　　　　　　　を中国に密輸して❸　　　　　　　貿易を成立させる

・イギリス❹　　　　　　　会社の中国貿易独占権廃止（1833）

→イギリスの綿工業資本家が中国市場にも進出できるように

2 アヘン戦争とアロー戦争

・清は❺　　　　　　　　　を広州に派遣して❷取引を取りしまる

→❷戦争（1840～42）→清敗北

→南京条約を結び，5港の開港，❻　　　　　　　　　の割譲などを認める

→翌年，関税自主権の喪失や領事裁判権の承認を内容とする不平等条約を結び，アメリカ・フランスとも同様の条約を結ぶ

・1856年，❼　　　　　　　号事件

→❼戦争（1856～60）

→清敗北，❽　　　　　　条約（1858），❾　　　　　　条約（1860）を締結し，11港の開港や❿　　　　　　　　教布教の自由などを認める

3 ペリー艦隊の来航と日本開国

・❷戦争で清敗北

→幕府は異国船打払令を緩和，接近する外国船への警戒を強める

・アメリカでは，太平洋を横断し，中国に至る蒸気船航路開設が求められる

→⓫　　　　　　　率いるアメリカ艦隊が浦賀沖に来航（1853）

→⓬　　　　　　　条約締結（1854）

　内容：⓭　　　　　　・箱館の開港，アメリカ船への物資補給

4 通商条約と貿易の開始

・総領事の⓮　　　　　　　が⓭に着任

→幕府に対し自由貿易を定める通商条約締結をせまる

→⓯　　　　　　　　　条約締結

　内容：⓰　　　　　　　・長崎・新潟・兵庫の開港，居留地の設定

＝⓱　　　　　　権の喪失や⓲　　　　　　　権の承認をふくみ

　日本にとって不平等な内容

・横浜・長崎・箱館で貿易開始（1859）

→貿易額の増加にともなう品不足から物価も上昇し，人々の生活を圧迫

→幕府に対する批判の声が強まる

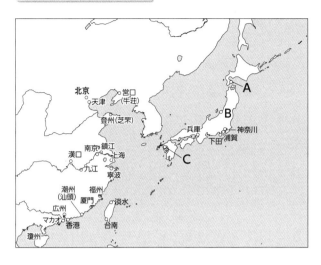

(1) 南京条約によって開港された場所に下線を引こう。

(2) ペリー艦隊の航路を地図中に示してみよう。

(3) 日米和親条約によって開港されたAの地名を答えよう。　　A（　　　　　）

(4) 日米修好通商条約によって開港されたB・Cの地名を答えよう。

　　　　　　　　　　　　　　　　B（　　　　　）

　　　　　　　　　　　　　　　　C（　　　　　）

まとめの問いにチャレンジ

整理 なぜ，イギリスはアヘン戦争をおこしてまで通商条約を結ぼうとしたのだろうか。

① アヘン戦争直前のイギリス・清の間の貿易の状況をまとめてみよう。

② ①も参考に，イギリス東インド会社の中国貿易独占権廃止の意義にもふれながら整理の問いの答えをまとめてみよう。

+α 欧米諸国が清や日本と結んだ条約はどのような点が不平等なのだろうか。

① 南京条約と日米修好通商条約に共通する規定は何だろうか。教科書も参考に，開港に関する規定や領土の割譲に関する内容以外の共通点について，以下の空欄**ア・イ**を埋めてみよう。

　　　　　　　　　ア（　　　　　　　　　）権の喪失　　**イ**（　　　　　　　　　）権の承認

② ①も参考に，**ア・イ**を認めることがなぜ不平等だとみなされるのか，それぞれ具体的にその意味するところを説明しながら，＋αの問いの答えをまとめてみよう。

16 東アジアの情勢と改革

開港後の情勢の変化に，中国と日本はどのように対応しただろうか。

1 太平天国

・イギリスによる❶＿＿＿＿＿貿易と❷＿＿＿＿＿＿＿＿の密輸

→中国国内の❸＿＿＿＿価格が上昇し，民衆の生活を圧迫

→拝上帝会を組織した❹＿＿＿＿＿が挙兵，❺＿＿＿＿＿＿＿を樹立(1851)

→内部対立や腐敗，清の攻勢によって鎮圧(1864)

2 洋務運動の展開

ここがポイント
❽運動にはどのような特徴があったのだろうか。

・❺を鎮圧した主力：❻＿＿＿＿＿や❼＿＿＿＿＿＿＿などの漢人官僚

→軍隊や科学技術，経済の近代化をすすめる＝❽＿＿＿＿運動

→1860年代前半から70年代前半にかけて，清の一時的な安定を実現

⇔改革対象は軍備や産業に限られ，政治制度などは清の伝統が維持された

3 尊王攘夷と幕末の動乱

ここがポイント
開港後の日本では，何がおきたのだろうか。

・開港後の日本では，外国人の排斥を唱える❾＿＿＿＿論が高まる

→天皇をとうとぶ❿＿＿＿＿論と結びついて⓫＿＿＿＿＿運動が展開

・⓬＿＿＿＿＿＿＿＿＿＿：討幕の動きが強まるなか，将軍⓭＿＿＿＿＿＿は政権を朝廷に返上(1867)

→⓮＿＿＿＿＿＿＿＿＿＿＿＿＿＿：討幕派が天皇中心の新政府樹立を宣言

・⓯＿＿＿＿＿戦争：新政府に反発する旧幕府側は，武力による抵抗を選び，内戦がはじまる

→新政府軍は旧幕府軍や東北・越後諸藩を次々に屈服させ，内戦終結(1869)

4 明治維新

ここがポイント
新政府はどのような改革をおこなったのだろうか。

・新政府はさまざまな改革を断行：年号を「明治」に，天皇が東京に移る

・新政府の課題の一つは中央集権の確立

→⓰＿＿＿＿＿＿＿(1869)：諸大名が領地と領民を朝廷に返上

→⓱＿＿＿＿＿＿＿(1871)：藩が廃止され，府と県による中央集権的な統治が確立

・新政府は「⓲＿＿＿＿＿＿＿」を掲げ，近代的な軍隊の整備をすすめるとともに，産業の育成に力を入れ，欧米の技術を導入

・幕末から明治初年における一連の大きな変革は⓳＿＿＿＿＿＿＿とよばれる

→生活面でも⓴＿＿＿＿＿＿＿の風潮が生じ，社会の変化につながる

資料に取り組もう

幕末の動乱に関係するある文書 史料
(現代語訳)

a徳川慶喜による，これまで天皇からご委任されていた政権を返上し，また将軍職も辞退したいという2つの申し出を，今度断然お許しになられた。そもそもb1853年以来，未曽有の国難がつづき，孝明天皇もずっとお心を悩ませられておられた事情は人々の知るところである。そこでお心を決せられ，……いまから摂政・関白・幕府などをやめ，ただちにまず仮に総裁・議定・参与の3職がおかれ，すべての政治をおこなう。……

(1) 下線部aは何というできごとを示しているだろうか。

(　　　　　　　)

(2) 下線部bにおいて国難がはじまったとされている1853年には，具体的に何がおきたのだろうか。

(　　　　　　　)

(3) これは何とよばれるできごとに関わる文書だろうか。

(　　　　　　　　　　　)

まとめの問いにチャレンジ

整理 洋務運動と明治維新の共通点と相違点を整理しよう。

① 洋務運動と明治維新について，以下の表に整理してみよう。

	洋務運動	明治維新
年代		
主体		
改革の内容		

+α 幕末から明治維新にかけて，日本の社会はどのように変化しただろうか。

① 人々の生活面で，欧米の生活様式が取り入れられたことは何とよばれるだろうか。

(　　　　　　　)

② ①も参考に，人々の生活面でどのような変化がおこったか，具体例を調べてまとめてみよう。

17 明治初期日本の外交と東アジアの国際秩序

日本の外交政策によって，東アジアの国際秩序はどのように変化したのだろうか。

ここがポイント

日本は，周辺諸国とどのような関係を築こうとしたのだろうか。

1 岩倉使節団

・日本は近代国家として欧米の外交体制参入をめざす

→❶　　　　　　　　　　を大使とする使節団を欧米に派遣(1871)

→使節団は欧米各国の制度・文物の視察・調査につとめる

2 清・朝鮮と日本

・政府は条約による国交を近隣の清・朝鮮とも結ぼうとする

→❷　　　　　　　　　　　(1871)：清と対等な関係で国交を樹立

・朝鮮は日本の国交樹立の要求を拒否

→武力を用いて朝鮮に開国をせまる❸　　　　　論が高まる

→❹　　　　　　事件(1875)：❹付近で朝鮮と武力衝突

→❺　　　　　　　　　　：日本が朝鮮に対し一方的な領事裁判権や関税免除の特権を認めさせた不平等条約

3 琉球処分と失われる清の朝貢国

・❻　　　　　王国：江戸時代には，❼　　　　　藩の支配を受ける一方，清と❽　　　　関係を結ぶ=❾　　　　　関係

・日本，琉球王国を廃して琉球藩をおく(1872)

→琉球藩を廃止して❿　　　　県をおく(1879)=⓫

・清，⓬　　　　戦争(1884〜85)に敗北

→⓭　　　　　　　がフランスの植民地に

・イギリス，⓮　　　　　　　を英領インドに併合(1886)

→清は周辺の朝貢国を失う=中国を中心とした東アジアの伝統的な国際秩序が崩れはじめる

4 国境の画定

・⓯　　　　　　　　条約：樺太は日露両国民の雑居地=国境は不明確

→⓰　　　　　　　　条約：樺太はロシア領，千島全島は日本領となる

・⓱　　　　　　：政府が北海道に設置，先住民の⓲　　　　　　　に対しては同化政策がとられる

→⓲固有の文化の多くが失われる

・小笠原諸島：アメリカ・イギリスに領有を通告し，認めさせる

→日本は領土を画定し，近代国家としての条件を整えていった

ここがポイント

日本は，どのように国境を画定していったのだろうか。

史料

（ C ）条約 (現代語訳)

第1款　大日本国皇帝陛下は，その子孫に至るまで，現在の（ B ）島の一部を領有する権利および君主に属するいっさいの権利を，全（ A ）国皇帝陛下に譲り，……宗谷海峡をもって両国の境界とする。

第2款　全（ A ）国皇帝陛下は，第1款に記した（ B ）島の権利を受領したかわりとして，その子孫に至るまで，現在の領土クリル群島……その合計18島の権利および君主に属する一切の権利を大日本国皇帝陛下に譲り，……カムチャツカ地方のラパッカ岬とシュムシュ島間の海峡をもって両国の境界とする。

(1)　（ A ）に入る国名を答えよう。　　　A（　　　　　　）

(2)　（ B ）に入る地名を答えよう。　　　　B（　　　　　　）

(3)　（ C ）に入る条約名を答えよう。

（　　　　　　　　　　）条約

まとめの問いにチャレンジ

整理　日本は近代国家としてどのように外交をすすめたのだろうか。

①　明治初期の外交について，以下の表に整理してみよう。

ロシア	
清	
朝鮮	
琉球王国	
アイヌ	
小笠原諸島	

②　①も参考に，整理の問いの答えをまとめてみよう。

+α　明治初期の日本の国境の画定は，その後の日本にどのような課題をもたらしただろうか。

①　明治初期の日本の国境の画定に関わる条約やできごとなどを一つ選び，それがその後の日本の歴史にどのような課題をもたらしたか調べてみよう。

18 日本の立憲国家への道のり

日本は，どのような道のりで立憲国家へと歩んでいったのだろうか。

1 近代化への反発と征韓論争

・西郷隆盛や❶＿＿＿＿＿＿＿＿＿ら：学制や❷＿＿＿＿＿＿令・❸＿＿＿＿＿＿
　　＿＿＿＿＿＿などの近代化政策を推進

→急激な改革に対し，各地で一揆や反乱がおこる

・朝鮮の開国をめぐる❹＿＿＿＿＿＿＿論の高まり

⇔❺＿＿＿＿＿＿＿＿＿＿や大久保利通は国内の政治改革を優先すべきと主張

→西郷や❶らは政府を去る

2 自由民権運動

ここがポイント

❼運動はその後の日本にどのような影響をあたえたのだろうか。

・❶らは国会開設を求めて❻＿＿＿＿＿＿＿＿＿＿＿＿＿＿＿＿＿を政
　府に提出（1874）

→国民の政治参加や国会開設をめざす❼＿＿＿＿＿＿＿＿運動のはじまり

・❼の思想は，日刊新聞や雑誌，演説会・翻訳書・政治小説などの新しいメ
　ディアによって社会に広まる

3 立憲体制実現への道

ここがポイント

立憲体制はどのようにして実現したのだろうか。

・政府内では，❽＿＿＿＿＿＿＿＿＿が実権をにぎる

→❾＿＿＿＿＿＿＿＿＿＿＿＿によって，1890年に国会を開設するこ
　とを約束

・❽は憲法調査のため渡欧し，帰国後，憲法草案の作成がはじまる

→❿＿＿＿＿＿＿＿＿＿憲法の発布（1889. 2. 11）

・❿憲法の特徴

　　天皇の定める⓫＿＿＿＿＿憲法の形をとる

　　天皇を最高の統治者として，議会が関与できない数々の権限（⓬＿＿＿
　　＿＿＿＿＿＿）を設ける

　　貴族院と⓭＿＿＿＿＿＿の二院制をとる

→⓭は世論を政治に反映させる場に

4 諸法典の整備と代議制の確立

・刑法や⓮＿＿＿＿法，商法などの法典も制定

→⓮法は戸主に強い権限をもたせ，女性の人格や地位は尊重されず

・地方制度の整備もすすむ

→市制・町村制（1888），府県制・郡制（1890）

・初の⓭総選挙（1890）：選挙権は，直接国税を15円以上おさめる満25歳以上
　の男性に限られる（全人口の1.1%）

大日本帝国憲法 (1889年2月11日公布) 史料

第1条　大日本帝国ハ万世一系ノ天皇之ヲ統治ス

第3条　天皇ハ神聖ニシテ侵スヘカラス

第4条　天皇ハ国ノ元首ニシテ統治権ヲ総攬①シ此ノ憲法ノ条規ニ依リ之ヲ行フ

第8条　天皇ハ公共ノ安全ヲ保持シ又ハ其ノ災厄ヲ避クル為緊急ノ必要ニ由リ帝国議会閉会ノ場合ニ於テ法律ニ代ルヘキ勅令ヲ発ス……

第11条　天皇ハ陸海軍ヲ統帥②ス

第29条　日本臣民ハ法律ノ範囲内ニ於テ言論著作印行集会及結社ノ自由ヲ有ス

第55条　国務各大臣ハ天皇ヲ輔弼③シ其ノ責ニ任ス……

①すべてをにぎること　②指揮　③たすけること

(1)　大日本帝国では，主権は天皇にあるとされた（天皇主権）。これを定めているのは左の史料の何条だろうか。

第（　　　）条

(2)　大日本帝国は，形式上，立憲君主制に分類される。これに関係するのは左の史料の何条だろうか。

第（　　　）条

(3)　天皇大権に関わる条文を左の史料から2つ答えよう。

第（　　　）条，第（　　　）条

まとめの問いにチャレンジ

整理　大日本帝国憲法の成立過程とその特徴についてまとめてみよう。

①　大日本帝国憲法の成立過程について，以下の空欄ア〜ウを埋めてみよう。

・ア（　　　　　　　　　　）運動の高まり

→政府内で憲法制定の議論，イ（　　　　　　　　　　）らが憲法調査のため渡欧

→君主権の強いウ（　　　　　　　）の憲法を学ぶ

→帰国後，草案作成開始

→大日本帝国憲法発布

②　「資料に取り組もう」と①も参考に，整理の問いの答えを文章にまとめてみよう。

+α　自由民権の思想はどのように日本の社会に広まっていったのだろうか。

①　自由民権運動とはどのような運動か，教科書も参考にまとめてみよう。

②　①も参考に，＋αの問いの答えをまとめてみよう。

19 帝国主義の時代

ここがポイント
帝国主義とはどのような政策や動きをさすのだろうか。

1 帝国主義の成立

・19世紀末になると，欧米諸国では重化学工業が発展（❶

　　　　　　　　　　）

→国内市場を独占する大企業が出現

・ドイツやアメリカでは❷　　　　　　　資本が形成，巨大な財閥も生まれる

・欧米諸国は，工業製品の市場や原料供給地，資本投下先を求め，アジア太平洋地域やアフリカで植民地や勢力範囲を急速に拡大

・このような欧米諸国の膨張主義は❸　　　　　主義とよばれる

・❸主義には，国内の労働者たちの不満をおさえて，政治を安定させる目的もあった

ここがポイント
帝国主義は社会にどのような影響をあたえたのだろうか。

2 労働政策と社会政策

・大企業に対抗するために労働運動も大きな組織が必要に

→ドイツやイギリスでは❹　　　　　主義政党が誕生

・ロシア：❺　　　　　　　らが❻

　　　　　　　結成，ナロードニキを引きつぐ社会革命党も生まれる

・国際的な労働者組織の❼

　結成（1889）

・各国政府は老齢年金支給などの社会政策で労働運動をおさえようとする

ここがポイント
大衆社会とはどのような社会だろうか。

3 大衆社会のめばえ

・❶により大量に生産された安価な工業製品や，海外から大量に輸入された食料・嗜好品が労働者階級にまで普及

→植民地にささえられた❽　　　　　　社会の形成

・大衆教育の拡充：❽社会成立の背景，19世紀末までに各国で無償の義務教育が導入される

・大量発行の商業的な日刊大衆新聞や風刺雑誌も出現

→ジャーナリズムの世界に一大変革をもたらす

・労働者階級の生活水準が向上するなか，商業的娯楽も急速に普及：近代スポーツ，旅行，音楽，演劇など

・世紀転換期のヨーロッパは「ベル＝エポック」とよばれる繁栄期をむかえる

⇔自由放任主義や人種差別を肯定し，帝国主義支配を正当化する❾

　　　　　　　も広がる

▸ 資料に取り組もう ◂

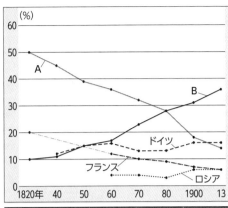

	1869年	1880年	1900年
企業数	203	140	108
生産量 (千トン)	1,409	2,729	8,520
労働者数 (人)	21,472	21,117	34,743

(1) 左のグラフは世界の工業生産に占める各国の割合を示したものである。**A・B**に入る国名を答えよう。

A (　　　　　　　)　　B (　　　　　　　　)

(2) 左の表はドイツ鉄鋼業の発展を示したものである。1869～1900年に，ドイツ鉄鋼業でどのような変化がおきたか，考えてみよう。

まとめの問いにチャレンジ

整理 帝国主義時代の欧米諸国による影響力の拡張には，どのような特徴があるだろうか。

① 帝国主義時代の欧米諸国は，何を求めてどのような地域に影響力を拡張したか，まとめてみよう。

+α 世紀転換期のイギリスの国力は衰退したといえるだろうか。

① 教科書や「資料に取り組もう」も参考に，世紀転換期のイギリスの国力が衰退したかどうか考察し，あなたの意見にもっとも近い選択肢を**ア～ウ**より選ぼう。　　　　　　　(　　　)

　　ア 衰退したといえる　　**イ** 衰退したとはいえない　　**ウ** どちらでもない

② ①でそう判断した理由を説明してみよう。

20 列強の世界政策

ここがポイント
欧米列強はおたがいにどのような関係にあったのだろうか。

ここがポイント
アメリカはどのように海外進出をすすめたのだろうか。

ここがポイント
ヨーロッパ諸国はどのようにしてアフリカ進出をすすめたのだろうか。

1　ドイツの挑戦と三国協商

・ドイツでは，❶　　　　　　　　　　の保護政策のもと独占資本が形成

→1890年代には，❷　　　　　　　　　　　　が❸　　　　　　政策をとなえ海外進出を積極化＝❹　　　　　政策

→列強と衝突

　とくにイギリスの❺　　　　　　政策やロシアの❻　　　　　　政策と激しく対立

・❼　　　　　同盟(1891)，❽　　　　　同盟(1902)，❾　　　　　(1904)，❿　　　　　　　(1907)などが成立

→ドイツを包囲する⓫　　　　　　　　　が成立

2　アメリカの海洋帝国形成

・⓬　　　　　　　　　　　の消滅

→アメリカは，19世紀末から積極的な海外進出をおこなう

・⓭　　　　　　　　　　　戦争(1898)

→プエルトリコ獲得，キューバを事実上の保護国に

・太平洋地域：⓮　　　　　併合(1898)，独立闘争に介入して⓯　　　　　　も植民地化

・中国分割に対し「⓰　　　　　　　・機会均等」による自由貿易を主張

3　分割されるアフリカ

・19世紀後半まで：ヨーロッパ諸国のアフリカ進出は沿岸部に限られる

→⓱　　　　　会議後，内陸部にもおよぶ

・イギリス：エジプトとケープ植民地を結ぶアフリカ⓲　　　　　政策

・⓳　　　　　　　　戦争(1899〜1902)：トランスヴァール共和国とオレンジ自由国を併合

→南アフリカ連邦発足(1910)，人種隔離政策(⓴　　　　　)導入

・フランス：サハラ砂漠からジブチを結ぶアフリカ㉑　　　　　政策

→㉒　　　　　　　事件：イギリスのアフリカ⓲政策と衝突

→❾成立：エジプトとモロッコの優越権を相互に承認

・ドイツ：南西アフリカや東アフリカに植民地領有

→モロッコ進出はイギリスとフランスに阻止される

⇒㉓　　　　　　　とリベリアを除くアフリカ全土が植民地化

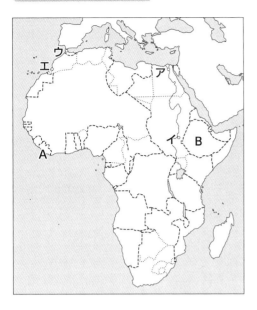

(1) イギリスとフランスが植民地とした地域をそれぞれ着色しよう。

(2) 独立を維持したA・Bの国名を答えよう。

A（　　　　　　　　　）

B（　　　　　　　　　）

(3) 英仏協商が結ばれるきっかけとなったファショダ事件のおきた場所をア～エのうちから選ぼう。

（　　　）

(4) ドイツが進出を企てたが，イギリスとフランスに阻止された地域を答えよう。

（　　　　　　　　　）

『まとめの問いにチャレンジ』

整理 列強は，たがいにどのような関係にあったのだろうか。

① 以下の言葉を用いて，列強同士の関係を図で示してみよう。

（3B政策，3C政策，露仏同盟，日英同盟，英仏協商，英露協商，三国協商）

+α ① アフリカ社会は，世界政策に対して，どのように対応したのだろうか。

+α ② エチオピアとリベリアが，植民地支配を免れたのはなぜだろうか。

① アフリカ社会が世界政策に抵抗した具体例を一つ調べてまとめてみよう。

② エチオピアとリベリアそれぞれについて，理由を調べて以下の表に整理してみよう。

エチオピア	
リベリア	

41

21 日清戦争と中国分割

日清戦争は東アジアにどのような影響をおよぼしたのだろうか。

ここがポイント

日本はどのようにして条約改正をすすめたのだろうか。

1 条約改正への道

・日本の外交課題：条約改正の実現

⇔欧米諸国は日本が近代的法制度を整えていないことを理由に改正に応じず

→1890年代には憲法にもとづき諸法典が整備され，ロシアを警戒するイギリスも日本に柔軟な姿勢を示す

・❶　　　　　　　　　　外相が❷　　　　　　　　　　条約調印(1894)

→領事裁判権の撤廃と関税自主権の部分的回復

・❸　　　　　　　　　　外相のもとで関税自主権の完全回復(1911)

2 朝鮮をめぐる日清関係

ここがポイント

朝鮮をめぐる日清の対立はどのようにして日清戦争につながったのだろうか。

・朝鮮をめぐり日清の対立が深まる一方，朝鮮でも親日派と親清派が対立

→❹　　　　　　　　　(1882)・❺　　　　　　　　　　(1884)：2度のクーデタ，日清両国も介入

→❻　　　　　　条約(1885)：朝鮮から軍を撤退させること，今後出兵する際は相互に通告することなどを約束

3 日清戦争

・❼　　　　　　　　　　　　　　　(1894)：朝鮮における大規模な農民蜂起

→❽　　　　　　戦争(1894～95)，日本勝利

→❾　　　　　　条約：清は朝鮮の独立，❿　　　　　　半島や⓫　　　　　・澎湖諸島の割譲，賠償金2億両，開港場での工場の開設などを認める

⇒冊封・朝貢関係にもとづく東アジアの伝統的な国際秩序は崩壊

・❾条約調印後，ロシアはドイツ・フランスとともに❿半島を清に返還するよう日本に勧告＝⓬

→日本はこれに応じる

→日本国内では反露感情が高まる，朝鮮をめぐっても日ロは対立

4 中国分割の危機

ここがポイント

日清戦争後の中国では，どのようにして列強の進出がすすんだのだろうか。

・❽戦争で清敗北

→日本やヨーロッパ列強は中国への勢力拡大に向かう

→資金貸しつけの代償に，⓭　　　　　　　敷設・経営権や鉱山採掘権などを獲得，⓮　　　　　　　　を設定し領土の一部を提供させる

→出遅れたアメリカは機会均等を求めて⓯　　　　　　　　　を主張(1899)

→翌年には中国の領土保全を提唱

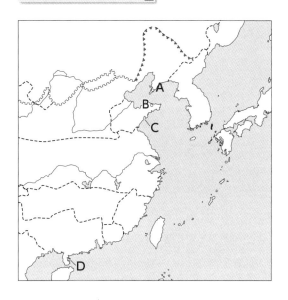

(1) 日本とドイツの勢力範囲をそれぞれ着色しよう。

(2) 日清戦争で日本が獲得した遼東半島に斜線を引こう。

(3) 列強に租借されたA〜Dの地名を答えよう。

A（　　　　　　）

B（　　　　　　）

C（　　　　　　）

D（　　　　　　）

まとめの問いにチャレンジ

整理 日清戦争における日本の勝利は，列強の対東アジア政策にどのような影響をあたえたのだろうか。

① 日清戦争によって，冊封・朝貢にもとづく東アジアの伝統的な国際秩序はどうなったのだろうか。

② ①も参考に，整理の問いの答えをまとめてみよう。

+α 日清戦争によって中国と朝鮮半島はどのような状況になったのだろうか。

① 中国については，整理の問いで答えた列強の動きもふまえつつ，国内でどのような動きが生じたかに限定して調べてまとめてみよう。

② 朝鮮については，日清戦争直後の状況を調べてまとめてみよう。

22 日露戦争とアジア

日露戦争はどのようにしておこり，どのような影響をあたえたのだろうか。

ここがポイント

列強の進出に対し，清はどのように対応したのだろうか。

1 変法運動と義和団戦争

・日清戦争の敗北と列強諸国の進出→改革をめざす知識人の強い危機感

→1898年，❶　　　　　　　　や❷　　　　　　　　　　が❸　　　　　　帝をかついで明治維新をモデルに❹　　　　　　　　　運動をおこす

→保守派の❺　　　　　　　　　らによる❻　　　　　　　　　の政変で失敗

・中国分割の危機に対し，民衆の間で外国勢力に抵抗する動きも広がる

→❼　　　　　　　　　　　　：「扶清滅洋」を掲げて排外運動を展開

→❼戦争（1900〜01）：清は列強に宣戦するが，8カ国連合軍によって鎮圧

→❽　　　　　　　　　　　　　　　：賠償金の支払いや外国軍の北京駐留を認める

2 日露戦争

・❼戦争後もロシア軍は満洲から撤退せず

→日本：❾　　　　　　　　同盟を結んでロシアに対抗

　日本の世論：主戦論が主流，キリスト教徒の❿　　　　　　　　　　や社会主義者の⓫　　　　　　　　　　　・堺利彦らは戦争に反対

　ロシア：フランス・ドイツの支持を得て❾同盟に対抗

→⓬　　　　　　戦争（1904〜05）

　日：兵員や弾薬が不足，戦費支出も限界⇔ロ：国内の革命運動が激化

→アメリカ大統領⓭　　　　　　　　　

　の調停で⓮　　　　　　　　　　条約締結（1905）

→日本，韓国における指導権，⓯　　　　　　半島南部の租借権，⓰　　　　鉄道の支線の利権，北緯50度以南の⓱　　　　　　　　　の領有権などを獲得

→日本国内では賠償金が獲得できなかったことから民衆暴動がおこる

ここがポイント

日露戦争はどのようにして終結したのだろうか。

ここがポイント

アジア諸民族の動きは，どのような結果に終わったのだろうか。

3 アジア諸民族のめざめ

・アジアでは，20世紀に入ると民族の解放や独立を求める動きが広がる

・インド：⓲　　　　　　　　　　　　令

→国民会議が英貨排斥，⓳　　　　　　　　　　　　，⓴　　　　　　　，民族教育の4綱領を決議

→イギリスは対抗勢力として全インド＝ムスリム連盟の結成を支援

・イラン：㉑　　　　　　革命（1905）

→ロシア・イギリスの介入で挫折

・オスマン帝国：㉒　　　　　　　　　革命（1908）

・ベトナム：ファン＝ボイ＝チャウらの㉓　　　　　　　　運動

・インドネシア：サレカット＝イスラム（イスラーム同盟）結成

資料に取り組もう

日露戦争後の講和条約(現代語訳) **史料**

第2条　ロシア帝国政府は，日本国が（　**A**　）において政治上，軍事上，および経済上，卓絶した利益をもつことを承認……する。

第5条　ロシア帝国政府は，……（　**B**　）港，（　**C**　）ならびにその付近の領土・領海の租借権を日本帝国政府に移転移譲する。……

第6条　ロシア帝国政府は，<u>長春・（　**B**　）港間の鉄道を</u>……日本帝国政府に移転移譲することを約束する。

第9条　ロシア帝国政府は，（　**D**　）南部とその付近のすべての島ならびにその地方のあらゆる公共建造物・財産を完全な主権とともに永遠に日本政府に譲与する。……

(1)　この講和条約の名称を答えよう。

（　　　　　　　　　　　　　）条約

(2)　A～Dに入る言葉を答えよう。

A（　　　　　　）　　B（　　　　　　）

C（　　　　　　）　　D（　　　　　　）

(3)　下線の鉄道は，のちに何とよばれるようになるだろうか。

（　　　　　　　　　　　　　）

まとめの問いにチャレンジ

整理　アジアではどのような変革の動きがおこったのだろうか。

① アジアでおきた変革について，以下の表に整理してみよう。

インド	
イラン	
オスマン帝国	
ベトナム	
インドネシア	

+α　日露戦争後の日本は，どのような対外政策をすすめていくのだろうか。

① 教科書 p.106も参考に，中国東北地域と韓国にわけて日露戦争後の日本の対外政策について調べ，以下の表に整理してみよう。

中国東北地域	
韓国	

23 日本の工業化と社会運動の高揚

日本の工業化はどのようにして可能となったのだろうか。

1　明治日本の産業基盤

・1880年代に入ると，政府は歳出をおさえるため，❶　　　　　　　　　や鉱山を民間に払い下げる

・運輸業：民営❷　　　　　　　を中心に急速に❷建設が進行，全国が汽船の定期航路で結ばれるように

・❸　　　　　　　　　　　設立(1882)：貨幣制度の安定をめざす

→産業基盤が整い，民間企業設立の気運が高まって，❹　　　　　化(産業革命)の時期をむかえる

2　紡績業と製糸業

ここがポイント

日本の❹化はどのようにしてすすんだのだろうか。

・紡績業と製糸業：日本の❹化を主導

・紡績業：❺　　　　　　　　　　らによる❻　　　　　　　　　　　会社(1883)

→大規模な紡績会社の設立がつづき，紡績業が急速に発展

・製糸業：生糸主産地の長野や山梨などに❼　　　　　　製糸の工場設立

→❼製糸が座繰り製糸を生産量でしのぐ，生糸輸出量世界1位(1909)

3　重工業の形成・鉱業と公害の発生

・重工業：明治中期には欧米との技術差が大きく，製品の多くを輸入

→製鉄業：❽　　　　　　　　　　設立(1897)

造船業：三菱長崎造船所などを中心に発達

鉱業　：官営鉱山を払い受けた❾　　　　　　を中心に増産がすすめられる

　　　　鉱害対策を軽視した開発により❿　　　　　　　　　　　　　事件などの公害問題も発生

　　　→衆議院議員⓫　　　　　　　　　による訴え

4　社会問題の発生と労働運動

ここがポイント

なぜ社会問題や労働運動がおこったのだろうか。

・❹化初期の日本の紡績業・製糸業は，労働者を安い賃金で長時間働かせることで製品価格を低くおさえて国際競争力を維持

→労働条件の改善をすすめようとする気運が高まる

・高野房太郎らが⓬　　　　　　　　　　　　　結成(1897)

→労働運動に対し，政府は治安警察法(1900)を制定して取りしまり

・安倍磯雄・⓭　　　　　　　　　らによる社会主義運動

→政府の弾圧，⓮　　　　　　事件後に運動停滞

・⓯　　　　　法制定(1911)：産業資本家に有利で労働者保護には不十分な内容にとどまる

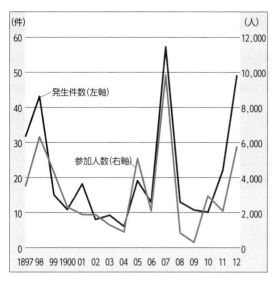

資料に取り組もう

(1) 左のグラフは労働争議の発生件数と参加人数の推移を示したものである。これをみて，次のア～エのなかで誤っているものを選び，記号で答えよう。　　　　　　（　　　　　）

ア　治安警察法の制定以降，労働争議の参加人数は日露戦争まで減りつづけた。

イ　1907年に労働争議の件数や参加人数が激増しているのは，恐慌の影響である。

ウ　日露戦争における国民への負担の増加から，労働争議の件数や参加人数が戦争中に増加した。

エ　治安警察法の制定以降のきびしい政府の対応から，労働争議の件数や参加人数は激減した。

まとめの問いにチャレンジ

整理 工業化は，日本の社会にどのような影響をあたえたのだろうか。

① 工業化とともに，日本社会ではどのような問題が生じただろうか。

② ①で答えた問題に対し，どのような運動がおこっただろうか。

③ ①で答えた問題や②で答えた運動に対し，政府はどのように対応しただろうか。

+α 日本の工業化は，イギリスの産業革命と比較して，どのような違いがあるだろうか。

① 教科書 p.46～47も参考に，工業化・産業革命がはじまった時期やきっかけに注意しながら＋αの答えを調べてまとめてみよう。

47

24 日本の帝国主義と東アジア

日本の帝国主義政策は東アジアでどのように展開したのだろうか。

ここがポイント

韓国併合はどのようにして可能になったのだろうか。

1 日本の中国進出と日米の対立

- ❶＿＿＿＿＿＿＿＿＿＿＿（1906）：遼東半島南部の租借地（関東州）を統治
- ❷＿＿＿＿＿＿＿＿＿＿＿＿（1906）：半官半民，鉄道のほか鉱山なども経営
- ❸＿＿＿＿＿＿＿＿＿：東北地域・内モンゴルの勢力範囲を定める

⇔アメリカは，日本の中国東北地域における権益強化に反対

2 韓国併合

- ❹＿＿＿＿＿＿＿協約（1904）：韓国政府に自らが推薦する財政・外交顧問をおく
- ❺＿＿＿＿＿＿＿協約（1905）：韓国の外交権をうばう，漢城に統監府をおいて❻＿＿＿＿＿＿＿を初代統監に任命

→韓国皇帝はハーグの万国平和会議に特使を派遣するなどして抵抗したが，退位に追いこまれる

- ❼＿＿＿＿＿＿＿協約（1907）：韓国の内政権を獲得，軍隊を解散させる

→抗日運動（義兵闘争）がおこる，安重根による❻＿暗殺（1909）

- ❽＿＿＿＿＿＿条約（1910）：韓国は日本の植民地となり，漢城には❾＿＿＿＿＿＿＿が設置される

→憲兵警察制度によって抵抗勢力を徹底的に弾圧，土地調査事業を実施して朝鮮の農民から土地をうばう

3 中国の辛亥革命と中華民国の成立

- 義和団事件後の清：❿＿＿＿＿＿＿＿＿公布（1908）

→立憲運動が展開

- 清打倒をめざす革命運動もはじまる

→⓫＿＿＿＿＿が⓬＿＿＿＿＿＿＿＿を創設し，⓭＿＿＿＿＿主義を掲げる（1905）

- 武昌で軍隊が蜂起し革命政権が成立（1911）＝⓮＿＿＿＿＿＿＿開始

→⓫を臨時大総統とする⓯＿＿＿＿＿＿＿が南京に誕生（1912）

→清の軍事・政治の実権をにぎる⓰＿＿＿＿＿と妥協，⓰は⓱＿＿＿＿＿を退位させて清を滅ぼし，⓫に代わり臨時大総統に就任

- ⓲＿＿＿＿＿らは⓳＿＿＿＿＿を組織し，国会で多数派を形成

→⓰は⓳を解散させ，さらに皇帝になろうとしたが，内外の反対を受けて中止し死去

ここがポイント

⓮はどのようにしてすすめられたのだろうか。

日韓が結んだ条約や協約の抜粋(現代語訳) 史料

ア　韓国皇帝陛下は，韓国全部についてのあらゆる統治権を，完全・永久に日本国皇帝陛下に譲与する。

イ　……韓国政府は今後日本国政府の仲介がないかぎり，国際的な性質をもつどのような条約や約束も締結しないことを約束する。

ウ　韓国政府は，日本政府の推薦する日本人1名を財務顧問として韓国政府に雇い入れ，財務に関する事項はすべてその意見を入れておこなうこと。

エ　韓国政府は，施政の改善について統監の指導を受けること。

(1)　ア～エを時系列順になるよう並び替えてみよう。

（　　　→　　　→　　　→　　　）

まとめの問いにチャレンジ

整理｜日本が東アジアで勢力を拡大するなか，中国はどう変化したのだろうか。

①　1911年に中国でおきた革命の名称と，1912年に中国で成立した共和政国家の名称を答えよう。

革命の名称（　　　　　　　　　）

共和政国家の名称（　　　　　　　　　）

②　義和団戦争後から①で答えた共和政国家成立までの中国の歴史の流れをまとめてみよう。

+α｜日本の支配下におかれた韓国は，この後どのような動きをとるだろうか。

①　教科書 p.126も参考に，韓国併合後の朝鮮で日本がどのような統治をおこなったか，調べてまとめてみよう。

②　教科書 p.126も参考に，日本の統治に対し朝鮮の人々がどのように抵抗したか，またそれによって日本による統治がどのように変化したか，調べてまとめてみよう。

25 第一次世界大戦

第一次世界大戦はなぜおこり，どのような状況で 4 年間もつづいたのだろうか。

ここがポイント

第一次世界大戦の背景には，どのような国際関係の変化があったのだろうか。

1　国際対立の激化と大戦の勃発

・ヨーロッパ：❶＿＿＿＿＿＿＿＿＿＿（ドイツ・オーストリア・イタリア）

⇔❷＿＿＿＿＿＿＿＿（イギリス・フランス・ロシア）

・バルカン半島：ドイツ・オーストリアの❸＿＿＿＿＿

　主義⇔ロシアの❹＿＿＿＿＿＿＿＿＿＿主義

・青年トルコ革命(1908)

→オーストリアがボスニア・ヘルツェゴヴィナを併合

→セルビアと対立

・2 次にわたるバルカン戦争

→❺＿＿＿＿＿＿＿＿＿事件(1914)

→第一次世界大戦(1914〜18)：❻＿＿＿＿国⇔同盟国

　日本も❼＿＿＿＿＿同盟を理由に❻国側で参戦

2　総力戦

・戦争の長期化

→全国民と植民地の住民を動員し，国のあらゆる力と技術を投入する❽

　＿＿＿＿＿＿に

・飛行機，❾＿＿＿＿＿，❿＿＿＿＿＿＿，潜水艦などの近代兵器や

　毒ガスの使用→膨大な戦死者が出る

3　日本の参戦と大戦景気

・参戦した日本はドイツ勢力下にある中国の青島や済南，南洋諸島を占領

→中国政府に対し⓫＿＿＿＿＿＿＿＿＿＿を突きつける

→中国政府はこれを受諾，中国国民による日本商品の不買運動がおこる

・戦争中，日本の貿易収支は大幅な黒字となり，重化学工業も著しく発展

→好景気が出現(⓬＿＿＿＿＿景気)

4　戦争の終結

ここがポイント

第一次世界大戦は，どのようにして終結したのだろうか。

・ドイツ，中立国の商船まで沈める⓭＿＿＿＿＿＿＿＿作戦を宣

　言(1917)

→アメリカ参戦

・ロシア革命→ソヴィエト政権がドイツと⓮

　＿＿＿＿＿条約を結んで戦争から離脱

→戦況の転換，オーストリアなどの同盟国が相次いで降伏

→ドイツで革命，皇帝ヴィルヘルム 2 世が亡命して帝政崩壊(1918.11)

→ドイツ共和国臨時政府が連合国と休戦協定を結んで大戦終結

資料に取り組もう

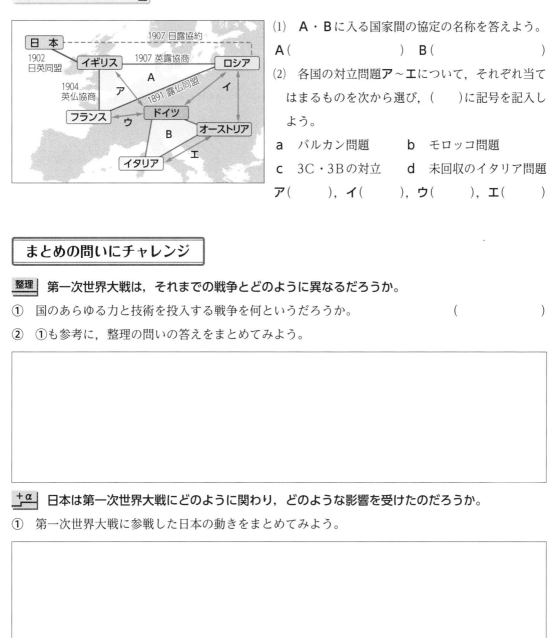

(1) **A・B**に入る国家間の協定の名称を答えよう。

A（　　　　　　　　　）　B（　　　　　　　　　）

(2) 各国の対立問題**ア～エ**について，それぞれ当てはまるものを次から選び，（　　）に記号を記入しよう。

a　バルカン問題　　　b　モロッコ問題

c　3C・3Bの対立　　d　未回収のイタリア問題

ア（　　　），**イ**（　　　），**ウ**（　　　），**エ**（　　　）

まとめの問いにチャレンジ

整理　第一次世界大戦は，それまでの戦争とどのように異なるだろうか。

① 国のあらゆる力と技術を投入する戦争を何というだろうか。　　　　　（　　　　　　　　　）

② ①も参考に，整理の問いの答えをまとめてみよう。

+α　日本は第一次世界大戦にどのように関わり，どのような影響を受けたのだろうか。

① 第一次世界大戦に参戦した日本の動きをまとめてみよう。

② 第一次世界大戦の日本国内への影響についてまとめてみよう。

26 ロシア革命とソ連の成立

ロシア革命は世界にどのような影響をあたえたのだろうか。

ここがポイント

ロシア革命は，どのようにしてはじまったのだろうか。

1 革命のはじまり

・大戦中のロシア：劣勢な戦況と生活物資の不足から，国民の不満が高まる

→ペトログラードで暴動（1917.3）

→各地に労働者と兵士の❶　　　　　　　　　　　成立，

　立憲民主党が臨時政府を組織し，皇帝❷　　　　　　　　　　　　　を退

　位させる

＝❸　　　　　　　革命

2 ソヴィエト政権の成立

・❹　　　　　　　　　　　　　　　を指揮する❺　　　　　　　　，

　❶政権樹立を訴える（四月テーゼ，1917.4）

→❹が武装蜂起して政権を獲得＝❻　　　　　　革命

→❺は武力で❹の一党独裁を実現させ，❶政権が成立

・「❼　　　　　　　　　　　　　　」（1917.11）：❺が発表，無併合・

　無償金・民族自決による講和を提示

→交戦国は無視，❶政権はドイツと単独講和を結んで大戦から離脱

3 干渉戦争と日本

ここがポイント

日本はロシア革命に対しどのように対応したのだろうか。

・❶政権は，❽　　　　　　　　　を組織し，国内の反革命勢力や国外からの革命への干渉に対抗

⇔連合国による❾　　　　　　　　　　　　（1918.8）

→日本は1922年まで駐留をつづけ，国内外から非難を受けて撤兵

・日本では，❾の影響もあって米価が上昇し，❿　　　　　　　　がおこる

4 ソ連の成立と世界への影響

ここがポイント

ロシア革命は，世界にどのような影響をあたえたのだろうか。

・⓫　　　　　　　　　　　　　　　　　に名称を改めた❹は，世界革命をめざして

　⓬　　　　　　　　　　　　　　　　　を組織

→ドイツ，フランス，中国で共産党設立，インドやエジプトの独立運動に影響

・❶政権による⓭　　　　　　　　　　主義の政策：中小工場の国有化，穀物の強制的取りたて，食料の配給制

→工業・農業の生産低下，食料不足による暴動

→⓮　　　　　　　　　　（1921）：中小企業や農業の個人経営を認める

・⓯　　　　　　　　　　　　　　　成立（1922）

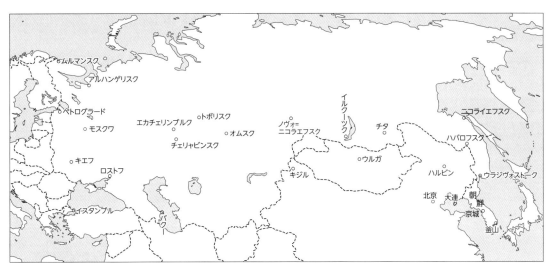

(1) ソ連の領域を着色しよう　(2) 外国干渉軍の進路を書き入れよう

(3) 日本をふくむ連合国がソ連に出兵したできごとはなんだろうか。（　　　　　　　　　　　　　　）

まとめの問いにチャレンジ

整理　レーニンはどのようにしてソヴィエト政権を樹立したのだろうか。

① ソヴィエト政権成立までのレーニンの行動を時系列にそってまとめてみよう。

+α　ロシア革命による社会主義政権の誕生は，後の人々にどのような考えや課題をもたらすと考えられるだろうか。

① 社会主義政権の誕生は，他国にどのような影響をあたえただろうか。教科書 p.121や p.129も参考に調べてまとめてみよう。

② ソ連ではその後，社会主義の方針をめぐる内部対立が生じることになる。対立の詳細や結果について調べてまとめてみよう。

27 ヴェルサイユ＝ワシントン体制

大戦後，戦勝国はどのような国際秩序をつくろうとしたのだろうか。

ここがポイント
ヴェルサイユ体制は，どのような点に特徴があったのだろうか。

ここがポイント
ワシントン体制は，どのような点に特徴があったのだろうか。

ここがポイント
第一次世界大戦後のヨーロッパや国際社会では，何がおきたのだろうか。

1 ヴェルサイユ体制

・第一次世界大戦の講和会議が❶＿＿＿＿＿で開催(1919)：❷＿＿＿＿＿
　　　　の十四カ条にもとづいてすすめられる⇔戦勝国の利害を優先

→❸＿＿＿＿＿＿＿体制の成立

・❸条約：ドイツはすべての植民地とアルザス・ロレーヌなどの領土を失い，
　軍備制限・巨額の賠償金を課せられる

・❹＿＿＿＿＿の原則：東欧を中心に多くの独立国が誕生

⇔アジア・アフリカなどの植民地には適用されず

・❺＿＿＿＿＿結成(1920)：世界初の集団的国際安全保障機構

⇔アメリカは不参加，ドイツ・ソ連の参加も当初は認められず

2 ワシントン体制

・日本は大戦中，東アジアや太平洋地域で大きく勢力をのばす

→アメリカの提唱で❻＿＿＿＿＿会議開催(1921)：米・英・日・
　仏・伊の主力艦の保有比率と上限決定

→❻体制の成立

・❼＿＿＿＿＿条約：太平洋地域の現状維持と日英同盟の破棄を決める

・❽＿＿＿＿＿条約：中国の主権尊重・門戸開放・機会均等を約束

・日本の領土拡大は一時的におさえられたが，日本は対米英協調を重視して
　❻体制の成立に協力

3 大戦後のヨーロッパ

・東欧では多くの国が独立

⇔不安定な社会・経済状況のもと権威主義的な政権が誕生，国内に少数民族
　の問題をかかえる

・ドイツ：民主的な❾＿＿＿＿＿憲法制定(1919)

⇔フランスとベルギーによるルール地方占領(1923)によるインフレ

4 国際協調と軍備の縮小

・❿＿＿＿＿条約(1925)：国境の不可侵，国際紛争の仲裁裁定な
　どを決める

→ドイツの❺加盟(1926)

・⓫＿＿＿＿＿条約(1928)：戦争を国際紛争
　解決の手段としないことを約束

・⓬＿＿＿＿＿会議(1930)：補助艦の保有比率と
　その上限決定

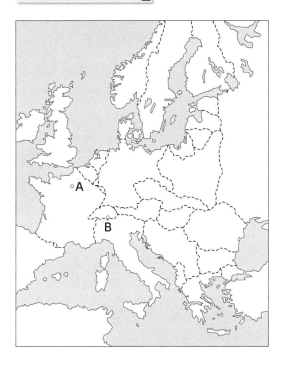

(1) 戦勝国を着色してみよう。

(2) 第一次世界大戦後の独立国を着色してみよう。
また，独立国のうちで2021年現在存在しなく
なっている国を2つ答えよう

（　　　　　　　　　　　　　）

（　　　　　　　　　　　　　）

(3) A・Bの条約締結地を答えよう。

A（　　　　　　　　　　　）

B（　　　　　　　　　　　）

まとめの問いにチャレンジ

整理 第一次世界大戦後には，大戦の反省を生かしてどのような組織や国際秩序がつくられたのだろうか。

① 大戦の反省を生かしてつくられた組織や国際秩序をできるだけあげてみよう。

+α ウィルソンの十四カ条の理念はどの程度実現したと考えられるだろうか。

① 教科書の記述や史料「ウィルソンの十四カ条」を参考に，ウィルソンの十四カ条のうち実現したことを調べて箇条書きにしてみよう。

② ①も参考に，ウィルソンの十四カ条で実現しなかったことや，実現したが課題が残ったことなどを調べて箇条書きにしてみよう。

28 アジア諸国の独立運動

第一次世界大戦後，アジアではどのような動きが生じたのだろうか。

1 トルコ革命

・オスマン帝国は第一次世界大戦に敗れる

→❶ _____ によりオスマン帝国滅亡

→❷ _____ 条約(1923)で国土の一部を回復

→❸ _____ 成立

・❶は近代化政策を推進：カリフ制の廃止，政教分離，一夫一婦制の実施，女性参政権の実現，ローマ字化

2 西アジアの民族運動

ここがポイント
西アジアの民族運動は，現代とどのように関連しているのだろうか。

・第一次世界大戦後，オスマン帝国の支配地域は英仏の委任統治領に

⇔大戦中，イギリスは❹ _____ 人にオスマン帝国からの独立を約束する一方，❺ _____ 人に建国運動の支援を約束

→現代のパレスチナ紛争などの出発点に

・アラビア半島：❻ _____ が❼ _____ を建国(1932)

・エジプト：❽ _____ 党を中心に民族運動が発展

→イギリスが保護権を廃棄，エジプト王国成立(1922)

・イラン：❾ _____ が❿ _____ 朝を開く

3 インドの民族運動

ここがポイント
⓬の運動はその後の世界にどのような影響をあたえたのだろうか。

・⓫ _____ 法(1919)：イギリスは，大戦後に自治をあたえるという公約を守らず，弾圧を強める

→国民会議派の⓬ _____ による非暴力・不服従の運動

・ラホールの国民会議(1929)：⓭ _____ の指導のもと，⓮ _____ が宣言される

→イギリスは各州に自治権を認める(1935)

4 東南アジアの民族運動

ここがポイント
どのような勢力が東南アジアの民族運動をすすめたのだろうか。

・インドネシア：アジア初の共産党結成(1920)

→オランダからの独立を求める武装蜂起が失敗し組織は壊滅

→⓯ _____ が国民党を結成(1927)

・ベトナム：⓰ _____ が共産党を結成(1930)

→フランスからの独立運動をすすめる

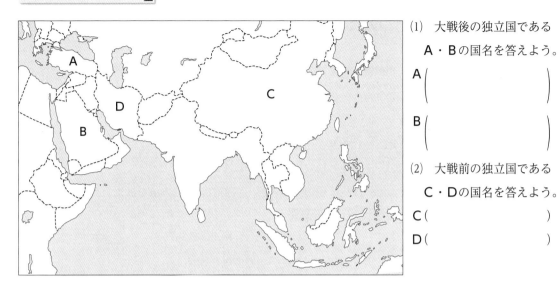

(1) 大戦後の独立国である
A・Bの国名を答えよう。

A（　　　　　　　　）

B（　　　　　　　　）

(2) 大戦前の独立国である
C・Dの国名を答えよう。

C（　　　　　　　）

D（　　　　　　　）

◢ まとめの問いにチャレンジ ◣

整理 第一次世界大戦がアジア諸国にもたらした影響を整理してみよう。

整理 ヨーロッパ諸国はアジア諸国の独立運動にどのように対応したのだろうか。

① 西アジア・南アジア・東南アジアにわけて，第一次世界大戦の影響と，ヨーロッパ諸国によるアジア諸国の独立運動への対応について以下の表に整理してみよう。

西アジア	
南アジア	
東南アジア	

+α パレスチナ問題は，この後，どのように展開していくか考えてみよう。

① 教科書も参考に，パレスチナ問題のその後の動きについて調べてまとめてみよう。

29 東アジアの民族運動と日本

第一次世界大戦後，東アジアの民族運動はどのように展開したのだろうか。

ここがポイント

朝鮮の❶運動は，日本の統治にどのような影響をあたえたのだろうか。

1 朝鮮の三・一独立運動

・韓国併合後，日本は強圧的な統治をおこなう

→❶＿＿＿＿＿＿＿＿＿＿＿運動：1919 年 3 月 1 日，主要都市で独立宣言書が発表される

→鎮圧，その後も独立運動がつづけられる

⇔日本は強圧的な統治をゆるめ，融和的な統治方法を採用

2 中国の五・四運動

・❷＿＿＿＿＿＿＿＿運動：1915 年，❸＿＿＿＿＿＿＿＿らが儒教批判，個人の確立，男女同権などを主張する運動を開始

・中国は第一次世界大戦の戦勝国に

⇔❹＿＿＿＿＿＿＿会議では二十一カ条の要求の取り消しを求めたが認められず，ドイツの❺＿＿＿＿＿権益は日本が受けつぐ

→❻＿＿＿＿＿＿＿運動：1919 年 5 月 4 日の北京の学生による抗議デモをきっかけに国民的な反日運動に発展

→中国政府は❼＿＿＿＿＿＿＿＿＿条約の調印を拒否

3 中国の国民革命

ここがポイント

中国では，⓫革命の展開とともに，軍閥や❽党，❾党などの関係はどのように変化したのだろうか。

・袁世凱の死後，中国では軍閥が内戦をくり返す

・❽＿＿＿＿＿＿党設立(1919)：孫文主導

・❾＿＿＿＿＿＿党設立(1921)：コミンテルンの支援

→軍閥打倒のため両党が接近＝❿＿＿＿＿＿＿＿＿(1924)

・孫文死去(1925)後も⓫＿＿＿＿革命が進展

→革命運動の激化とともに❽党と❾党の対立が表面化

→❽党指導者の⓬＿＿＿＿＿は，各地の軍閥打倒のため，⓭＿＿＿開始(1926)

→⓬は上海で反共クーデタをおこし，南京に国民政府を樹立(1927)

⇔日本は⓭による中国統一を妨害するため❺省に出兵(1927, 28)

＝⓮＿＿＿＿＿

・⓭軍が北京到達(1928)

→軍閥の⓯＿＿＿＿は北京を脱出し奉天に向かったが，⓰＿＿軍の一部によって爆殺される

→⓯の子の⓱＿＿＿＿が国民政府支持の立場を明らかに

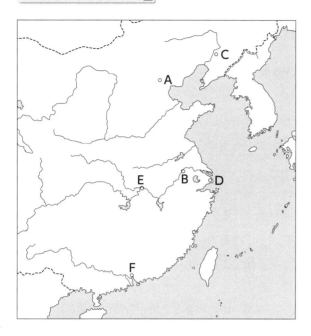

(1) 国民革命軍による北伐の進路を書き入れ
  よう。

(2) 北伐をはじめた国民党指導者の名前を答
  えよう。　　　　　　（　　　　　　　）

(3) (2)の人物が反共クーデタをおこしたのは
  地図中のＡ～Ｆのどの都市だろうか。

  　　　　　　　　　　　　（　　　）

(4) 関東軍の一部によって列車ごと爆殺され
  た軍閥の指導者を答えよう。

  　　　　　　　　　　（　　　　　　　）

(5) (4)の人物が本拠地としていたのは地図中
  のＡ～Ｆのどの都市だろうか。　（　　　）

まとめの問いにチャレンジ

整理 朝鮮で三・一独立運動がおき，中国で五・四運動・国民革命が展開した理由は何だろうか。

① それぞれの運動がどのような動きだったか，以下の表に整理してみよう。

三・一独立運動	
五・四運動	
国民革命	

② ①も参考に，整理の問いの答えをまとめてみよう。

＋α 日本は，なぜ朝鮮や中国の民族運動の高まりを阻止しようとしたのだろうか。

① 教科書も参考に，なぜ日本が朝鮮や中国における権益を維持しようとしたのかという点にも注意
  しつつ，＋αの問いの答えを調べてまとめてみよう。

30 アメリカの大衆社会

第一次世界大戦後の経済的繁栄により，アメリカ社会はどのように変化しただろうか。

ここがポイント

アメリカの大衆社会はどのような特徴をもっていたのだろうか。

1 アメリカ合衆国の繁栄

・第一次世界大戦を経て，アメリカは債務国から❶＿＿＿＿＿＿国に

→金融の中心もロンドンから❷＿＿＿＿＿＿＿＿＿＿に移動し，アメリカは資本主義経済の中心を占めるように

→アメリカの経済的繁栄によって大衆社会は新たな局面をむかえる

2 大衆化と大衆文化

・1920年代アメリカの大衆社会：大量生産・❸＿＿＿＿＿＿＿＿＿が特徴

・❹＿＿＿＿＿＿＿＿＿による生産方式の効率化

→大量の❺＿＿＿＿＿＿を安価で生産可能に

・❻＿＿＿＿＿の普及

→家庭にラジオや冷蔵庫，洗濯機，掃除機などの電化製品が広まる

・宣伝広告が購買欲をあおり，❼＿＿＿＿＿や郵便制度の発展を背景に通信販売が普及して消費拡大に貢献

→生活水準の向上，ライフスタイルの合理化・画一化

・経済的繁栄とともに❽＿＿＿＿＿文化が発展：ハリウッド映画やプロスポーツ観戦が人気に，ダンスやジャズ音楽も流行

→ヨーロッパや日本にも広まる

・第一次世界大戦をきっかけに女性の社会進出がすすむ

→❾＿＿＿＿＿＿＿が認められる（1920）

ここがポイント

アメリカの繁栄の恩恵を受けたのは，どのような人々だったのだろうか。

3 繁栄の陰で

・南欧や東欧，アジアなどから大量の労働者が❿＿＿＿＿＿として流入

→アメリカの経済的繁栄をささえる

・国内でも多くの人々が農村から都市に移住

⇔繁栄の恩恵を受けたのは，おもに⓫＿＿＿＿＿＿を中心とした中産階級以上に限られる

・社会の保守化：⓬＿＿＿＿＿主義者への迫害，❿・アフリカ系住民への差別が強まる

・⓭＿＿＿＿＿法(1919)：酒類の製造・販売を禁止

→密造・密売が横行し，ギャングの活動も誘発

→1933年に廃止

・❿法(1924)：アジア系❿が全面的に禁止

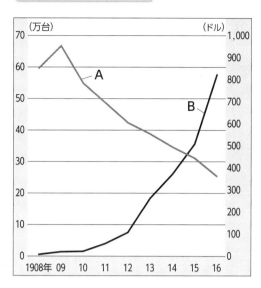

(1) 左のグラフは自動車（Ｔ型フォード）の価格と生産台数の推移を示したものである。ＡとＢのうち、価格を示しているのはどちらだろうか。　　（　　　）

(2) グラフからは、自動車生産に関するどのような変化が読み取れるだろうか。簡潔に説明してみよう。

(3) 1920年代のアメリカで出現した大衆社会の特徴は何だろうか。漢字四文字の言葉を2つ答えよう。
（　　　　　　　・　　　　　　　）

まとめの問いにチャレンジ

整理 第一次世界大戦後、アメリカの大衆はどのような生活をしていただろうか。

① 1920年代のアメリカでどのような製品やサービスが普及したか書き出してみよう。

② ①も参考に、整理の問いの答えをまとめてみよう。

＋α アメリカ社会には、大衆文化を謳歌できない人たちもいたが、どのような人たちだろうか。

① 繁栄の恩恵を受けたのは、どのような人々に限定されたのだろうか。教科書も参考にまとめてみよう。

② ①も参考に、＋αの問いについて調べてまとめてみよう。

31 大正デモクラシーと日本社会の変化

第一次世界大戦前後に、日本の政治、経済、社会はどのように変化したのだろうか。

1 大正デモクラシーの思想

・第一次世界大戦後，民族自決の考えや国際協調の動きが広がる

→日本でも❶　　　　　　　　　　　　　　　とよばれる民主主義的・自由主義的な風潮が強まる

→美濃部達吉の❷　　　　　　　　　　　説，❸　　　　　　　　　　の民本主義

→政党政治の実現や社会運動の発展に大きな影響をあたえる

2 政党内閣の成立

ここがポイント
政党内閣はどのようにして成立したのだろうか。

・藩閥や陸軍に支援された桂内閣成立(1912)

→憲法にもとづく政治を擁護し藩閥などを打破しようとする世論の高まり

＝❹　　　　　　　　　　　　運動

→運動を受け，50日余りで桂内閣退陣＝❺　　　　　　　　

・❻　　　　　　　　内閣成立(1918)：初の本格的な政党内閣

・政党を無視した内閣の成立(1924)

→❼　　　　　　　　　　　運動

→❽　　　　　　　　　　法実現：25歳以上の男性に選挙権があたえられる

⇔社会主義運動の活発化に備えて❾　　　　　　　　　法も制定

⇒以後1932年まで立憲政友会と憲政会のもとで政党内閣の慣行が継続

＝「❿　　　　　　　　　　　　　　　」

3 社会運動の広がり

ここがポイント
日本では、どのような社会運動が広まったのだろうか。

・❶の風潮

→差別されていた人々が団結して立ち上がりはじめる

→都市の労働者は労働争議を，農民は小作争議をおこす

　被差別部落の人々は⓫　　　　　　　　　　　　　　を結成

　平塚らいてうらは青鞜社をつくって女性解放運動に取り組み，⓬

　　　　　　　　の活動を通じて治安警察法を改正させる

4 都市化と大衆文化

ここがポイント
日本では、どのようにして大衆化がすすんだのだろうか。

・アメリカ同様，日本でも大衆文化が成長：百貨店の開業，映画館やカフェが立ち並ぶ盛り場の誕生，⓭　　　　　　　　　　　の建設，生活の洋風化

・会社に勤める俸給生活者などの⓮　　　　　　　　　が増加，⓯

　　　　　　　　とよばれる女性たちが出現

→高等教育機関の充実，女学校への進学率上昇

→教育水準向上を背景に総合雑誌や大衆娯楽雑誌が多くの読者を獲得

・大衆文化の広がりには⓰　　　　　　　　　　が貢献

公布年 (実施年)	有権者の資格		有権者数(万人) 総人口比(%)	投票率 (%)
	直接国税	性別年齢		
1889 (1890)	A	B	45万人(1.1%)	93.7
1900 (1902)	10円以上	B	98万人(2.2%)	88.4
1919 (1920)	3円以上	B	307万人(5.5%)	86.7
1925 (1928)	C	B	1,241万人(19.8%)	80.3
1945 (1946)	C	D	3,688万人(48.7%)	72.1

(1) A～Dに入る言葉を答えよう。

A (　　　　　　　　　　　)

B (　　　　　　　　　　　)

C (　　　　　　　　　　　)

D (　　　　　　　　　　　)

(2) 選挙権に関連して，1925年に制定された法律の名称を答えよう。

(　　　　　　　　　)法

▭ まとめの問いにチャレンジ

整理 政党政治が成立し，本格化した要因には何があるだろうか。

① 大正時代の日本において，政治・社会・文化の各分野で民主主義的・自由主義的な風潮が強まった現象は，何とよばれるだろうか。　　　　　　　(　　　　　　　　　　　　　　　)

② ①も参考に，大正時代にどのような思想が登場したか具体例をあげて説明しつつ，整理の問いの答えをまとめてみよう。

+α 当時の社会の変化のうち，その後の政治や経済に最も大きな影響をあたえたのは何だと考えられるだろうか。

① 当時の社会の変化について調べ，その後の政治や経済に最も大きな影響をあたえたとあなたが考えるものを簡潔に答えよう。

② なぜそう考えるか，理由を説明してみよう。

32 世界恐慌

世界恐慌に対して各国
はどのように対応した
のだろうか。

1 恐慌のはじまり

・1929年10月，ニューヨーク・ウォール街の株式取引所で株価が大暴落

→アメリカ経済が恐慌におちいる

→不況の影響はほかの資本主義国にもおよび，❶ _____ となる

2 ニューディール

ここがポイント

世界恐慌にアメリカはど
のように対応したのだろ
うか。

・民主党の❷ _____

　が大統領に就任

→積極的に経済に介入する政策を打ちだす

　生産調整：❸ _____ 法（ＡＡＡ），❹ _____

　　　 法（ＮＩＲＡ）

　公共事業推進：❺ _____（Ｔ

　ＶＡ）

　労働者の権利拡大：❻ _____ 法（1935）

→これらの政策は❼ _____ とよばれる

・対外的にはソ連を承認（1933），ラテンアメリカ諸国に対する❽ _____

　外交を展開

3 各国の恐慌政策

ここがポイント

各国の恐慌対策は国際社
会や国際経済にどのよう
な影響をあたえたのだろ
うか。

・イギリスなどは❾ _____ 制を停止し，輸入制限を強化

・本国と植民地や従属国を結ぶ❿ _____ 形成もすすむ

→世界経済全体の縮小，各国の対立激化

・日本：❾制復帰（1930），❶の波及によって輸出が激減，大量の金が国外に

　流出＝⓫ _____ 恐慌

→蔵相⓬ _____ は金輸出再禁止，円安による輸出拡大，赤字国

　債発行による財政拡大

→1933年には恐慌前の生産水準を回復⇔農村の不況は容易に回復せず

4 ソ連の計画経済

ここがポイント

計画経済の長所と短所は
何だろうか。

・ソ連：レーニンの死後，⓭ _____ が権力をにぎる

→⓮ _____ に着手（1928）：農業の集団化・機

　械化の推進，農業国から工業国への転換をめざす

→計画経済をすすめるソ連は❶の影響を受けず，工業生産を拡大

⇔強引な集団化による農業生産の大幅な低下，多くの餓死者

・⓭は多くの人々を粛清し，⓭憲法（1936）を制定して独裁体制をかためる

	1928	1929	1930	1931	1932	1933	1934	1935
アメリカ	93.3	100	80.7	68.1	53.8	63.9	66.4	75.6
イギリス	94.4	100	92.3	83.8	83.5	88.2	98.8	105.6
ドイツ	98.6	100	85.9	67.6	53.5	60.7	79.8	94
フランス	91	100	99.6	86.4	72.2	80.7	75.2	73.1
イタリア	91.6	100	91.9	77.6	66.9	73.7	80	93.8
日本	89.7	100	94.8	91.6	97.8	113.2	128	141.8
ソ連	79.5	100	130.9	161.3	183.4	198.4	238.3	293.4

⑴　上のグラフは1929年を100とした場合の各国の工業生産の推移を示したものである。日本とソ連以外の国で工業生産が最悪となるのは何年だろうか。　　　　　　　　　　（　　　　　　）年

⑵　ヨーロッパで最も深刻な打撃を受けた国はどこだろうか。　　　　　　　（　　　　　　　　　）

⑶　イギリスが恐慌対策として1931年に停止したのは何だろうか。　　　　（　　　　　　　　　）

⑷　恐慌の影響を受けず，着実に工業生産を伸ばしている国はどこだろうか。（　　　　　　　　　）

▌まとめの問いにチャレンジ

整理 世界恐慌に対する各国の対応を比較してみよう。

①　世界恐慌に対する各国の対応を国別に以下の表に整理してみよう。

アメリカ	
イギリス	
日本	
ソ連	

+α 世界恐慌に対する各国の対応は，その後の国際情勢にどのような影響をあたえただろうか。

①　教科書 p.142〜145も参考に，その後，日本やドイツ，イタリアでどのような勢力が台頭し，どのような対外政策がとられたか，調べてまとめてみよう。

②　①で答えた各国の政策は，整理の問いで答えた世界恐慌に対する各国の対応とどのように関係していたのだろうか。教科書 p.142〜145も参考に，調べてまとめてみよう。

33 ファシズム・軍部の台頭

イタリア・ドイツの
ファシズムや日本の軍
部は、どのようにして
台頭したのだろうか。

1 大衆化とファシズム・軍部の台頭

・第一次世界大戦後，イタリアやドイツで国家による強力な社会統制をめざす❶＿＿＿＿＿＿＿＿が台頭

・日本では既存の政党政治への不信が❷＿＿＿＿＿＿の台頭をまねく

・❶や❷の台頭：普通選挙制の実現や公教育の普及，ジャーナリズムの発達によって力をもった❸＿＿＿＿＿が新たな政治勢力への期待を求める

2 イタリアのファシズム

ここがポイント

イタリアでは，どのような背景から❺党が台頭したのだろうか。

・イタリアは戦勝国だが，獲得した領土はわずかで多額の戦債を負う

→経済の悪化，政治の混乱

→❹＿＿＿＿＿＿＿率いる❺＿＿＿＿＿＿＿党台頭

→❹は❻＿＿＿＿＿＿＿(1922)で首相に就任，一党独裁体制確立

→フィウメ併合(1924)，❼＿＿＿＿＿＿保護国化(1926)

3 ナチ＝ドイツ

ここがポイント

ドイツでは，どのようにして❽が一党独裁体制をつくりあげたのだろうか。

・ドイツでは，社会不安を背景に❽＿＿＿＿＿率いる❾＿＿＿＿＿＿＿＿＿＿＿党と共産党が勢力をのばす

→❾党は❿＿＿＿＿＿＿体制の打破を唱え，第1党に(1932)

→❽首相に就任，共産党を弾圧，⓫＿＿＿＿＿＿＿法で立法権をにぎる

→❾党の一党独裁体制，❽は大統領と首相を兼ねる総統に就任(1934)

4 軍部の台頭

ここがポイント

日本では，どのようにして政党政治が終わりをむかえたのだろうか。

・日本では，昭和恐慌のなか，政党政治に見切りをつけ❷に期待する世論や，協調外交に対する不満が高まる

→ロンドン海軍軍縮条約(1930)に対し，❷の急進派や国家主義者が攻撃

＝⓬＿＿＿＿＿＿問題

⇒国家の危機を武力行使による直接行動で打開しようとする動きが活発化

・⓭＿＿＿＿＿事件(1932.5)：海軍青年将校らが首相官邸を襲撃，首相⓮＿＿＿＿＿を暗殺

→政党政治の終わり

・陸軍内部では，天皇親政を武力によって実現しようとする⓯＿＿＿＿派と，官僚を利用し合法的に国家総動員体制をめざす⓰＿＿＿＿派が対立

→⓱＿＿＿＿＿事件：皇道派の青年将校らによるクーデタ，政府要人が殺される

→陸軍では⓰派が実権をにぎる

	1928.5	1930.9	1932.7	1932.11
（　A　）党	2.6%	18.3%	37.4%	33.1%
国家国民党	14.2%	7.0%	6.2%	8.9%
ドイツ人民党	8.7%	4.7%	1.2%	1.9%
中央党	12.1%	11.8%	12.5%	11.9%
社会民主党	29.8%	24.5%	21.6%	20.4%
共産党	10.6%	13.1%	14.5%	16.9%

(1) 左の表はドイツの国会選挙の得票率の推移を示したものである。Aに入る政党名を答えよう。（　　　　　　　　　）党

(2) A党以外に1党だけ勢力を拡大している党がある。その政党名を答えよう。

（　　　　　）党

まとめの問いにチャレンジ

整理 ファシズム・軍部が台頭した理由について，イタリア・ドイツ・日本を比較しながら考えよう。

① ファシズム・軍部が台頭した理由について，国別に以下の表に整理してみよう。

イタリア	
ドイツ	
日本	

+α イギリスやフランスでファシズム勢力が政権を獲得しなかったのはなぜだろうか。

① イギリスやフランスと，ファシズム勢力が台頭したイタリアやドイツでは，植民地の領有に関して大きな違いがあった。それはどのような点だろうか。

② ①も参考に，+αの問いの答えを調べてまとめてみよう。

34 ファシズムの対外侵略と国際秩序の変化

日本やドイツ, イタリアはどのようにして対外侵略をすすめたのだろうか。

1 満洲事変

・南京国民政府, 北伐を終えて中国国民党の一党支配を実現

⇔中国統一の進展は満洲における日本の権益を脅かす

→❶　　　　　　　　　では,「満蒙」を武力で占領しようとする動きがおこる

→❷　　　　　　　　事件：❶, 奉天郊外の南満洲鉄道の線路を爆破

→❸　　　　　　　　のはじまり

2 「満洲国」の成立と国際連盟脱退

ここがポイント

日本やファシズムの対外侵略に, 国際社会はどのように反応したのだろうか。

・❶は清最後の皇帝❹　　　　　　　を執政として「満洲国」を建国させる

→中国の訴えに応じ, ❺　　　　　　　　　は❻　　　　　　　を派遣

→日本は❺による勧告案を拒否, ❺脱退

→日本の国際的孤立

3 ファシズムの拡大

・ナチ党：大規模な❼　　　　　　　　　や軍需産業によって失業者を削減

⇔反対する人々や❽　　　　　　　人を迫害

・対外的には, ❺脱退(1933), 再軍備を宣言(1935), ❾　　　　条約を破棄して❿　　　　　　　　　　　に進駐(1936)

・イタリア：⓫　　　　　　　　　併合(1936)

4 スペイン内戦と枢軸の結成

ここがポイント

世界各国はスペイン内戦にどのように反応したのだろうか。

・⓬　　　　　　　　　　　　　, ファシズムの動きに対し, ⓭　　　　　　　の結成をよびかける

→スペインで⓭内閣成立(1936)

→軍部が⓮　　　　　　　　を中心に反乱をおこす

→スペイン内戦

　イギリス・フランスは不干渉政策をとる

　政府軍には各国から義勇兵が参加, ⓯　　　　　　が武器を援助

　ドイツ・イタリアは反乱軍を支援

→スペイン内戦はファシズム対反ファシズムの国際紛争に

⇒反乱軍の勝利(1939), ⓮の独裁体制成立

・積極的な対外進出をおこない, 国際的に孤立したドイツ・イタリアは, スペイン内戦を機に⓰　　　　　　　　　　　　　結成

→日本を加えて, 反⓬を掲げる⓱　　　　　　　　　　協定成立(1937)

資料に取り組もう

史料

満洲事変に関わるある文書（現代語訳）

1933年2月24日，（　A　）臨時総会が採用した報告書は，東洋の平和を確保しようとする以外になんら別の意図はないという日本の気持ちを考えないと同時に，事実認定およびそれにもとづく理論において大きな誤りをおかした。特に9月18日の（　B　）事件当時およびその後の日本軍の軍事行動を自衛権の行使でないと誤って判断し，……東洋における新たな紛糾の原因をつくった。その一方で，（　C　）成立の真相を無視し，かつ同国を承認した日本の立場を認めず，東洋の事態安定の基盤を破壊しようとするものである。……よって日本政府はこれ以上（　A　）と協力する余地はないと確認し，（　A　）規約第1条第3項にもとづいて，日本が（　A　）から脱退することを通告するものである。

(1) A～Cに入る言葉を答えよう。

A（　　　　　　　　　　）

B（　　　　　　　　　　）

C（　　　　　　　　　　）

(2) 中国の訴えに応じてAが派遣した調査団の名称を答えよう。

（　　　　　　　　　　　　　）

まとめの問いにチャレンジ

整理 日本やドイツ，イタリアの対外侵略の背景は何だろうか。

① 日本やドイツ，イタリアはなぜ対外侵略をすすめたのだろうか，簡潔にまとめてみよう。

② ①や教科書 p.142～143も参考に，整理の問いの答えをまとめてみよう。

+α 日本やドイツ，イタリアの対外侵略に対して，国際社会はどのように対応しただろうか。

① 「満洲国」成立と，スペイン内戦にわけて，日本やドイツ，イタリアの対外侵略に対する国際社会の対応を以下の表に整理してみよう。

「満洲国」成立	
スペイン内戦	

35 日中戦争の開始と戦時体制下の日本

日中戦争はどのように
してはじまったのだろ
うか。

ここがポイント

軍閥が割拠する中国では，
どのようにして統一に向
かう動きが成立したのだ
ろうか。

1 日中対立の激化と抗日民族統一戦線

・日本は満洲事変停戦以降も中国に軍隊を駐留させる

・中国では国共分裂(1927)以降，国民政府と共産党の間で内戦がつづく

→共産党，❶　　　　　　　　を主席とする❷　　　　　　　　　　

　　　　　　　　　　臨時政府を成立させる(1931)

→❸　　　　　　　　　による共産党弾圧の強化

→共産党は瑞金を放棄して❹　　　　　　　に出発，延安に新根拠地建設

・❹の途上，コミンテルンの指示で，共産党は抗日のための民族統一をよび
　かけ

→❺　　　　　　　らがおこした❻　　　　　　　事件をきっかけに抗日民族統
　一戦線が実現

ここがポイント

日中戦争はどのように推
移していったのだろうか。

2 日中戦争のはじまりと長期化

・日本，❼　　　　　　　　　事件(1937)を機に中国との全面戦争へ＝日中戦争

→日本の攻勢に対し，国民政府はアメリカ・イギリス・ソ連などの援助を受
　けて抗戦をつづけ，戦争は長期化

・日本は国民政府に対抗して南京に❽　　　　　　　　　を首班とする政府を成
　立させるが支持を得られず

・華北の農村地帯では共産党軍がゲリラ戦を展開

→日本の支配は都市と鉄道に限定

・共産党軍の大規模な攻勢(1940)

→日本軍は報復として抗日根拠地・農村を攻撃，多大な損害をあたえる

ここがポイント

日本の戦時体制は，どの
ようなものだったのだろ
うか。

3 戦時体制下の日本

・日本は，満洲事変以降，思想や言論の統制をすすめ，日中戦争を機に統制
　をさらに強化

・マスメディアも世論形成に影響，❾　　　　　　　　　　が流行

・日中戦争の長期化により，国家・国民の総力を戦争に集中させる必要

→国民精神総動員運動(1937～)や❿　　　　　　　　　　法(1938)

・既存政党は首相を総裁とする⓫　　　　　　　　　　に結集

・労働組合は解散させられ，⓬　　　　　　　　　　　　　　にまと
　められる(1940)

・小学校は⓭　　　　　　　　　に改められ(1941)，天皇に尽くす国民育成
　が教育目標とされる

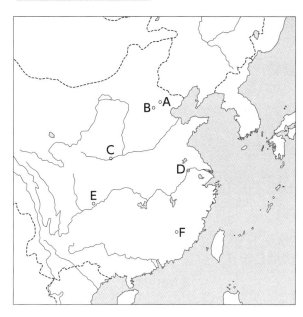

(1) 西安事件・盧溝橋事件がおきた場所を地図中のA～Fから選ぼう。

西安事件（　　　）

盧溝橋事件（　　　）

(2) 共産党による長征の起点となった都市を地図中のA～Fから選ぼう。

（　　　）

(3) 1937年に日本軍が占領した国民政府の首都と，その後首都が移された都市を地図中のA～Fから選ぼう。

国民政府の首都（　　　）

首都が移された都市（　　　）

まとめの問いにチャレンジ

整理　日中戦争の発生した要因にはどのようなものがあるだろうか。

① 日中戦争の発生した要因を簡潔にまとめてみよう。

+α　なぜ戦争とともに人々の権利や自由が再び制限されていったのだろうか。

① 日本において，戦争とともに人々の権利や自由が制限された例をあげてみよう。

② ①であげたように権利や自由が制限されたのはなぜだろうか。調べてまとめてみよう。

36 第二次世界大戦の開始

2度目の世界大戦はどのようにしてはじまったのだろうか。

ここがポイント

ナチ＝ドイツの侵略は，どのような国際情勢のもとで可能となったのだろうか。

ここがポイント

第二次世界大戦はどのように推移していったのだろうか。

ここがポイント

太平洋戦争は，どのようにしてはじまったのだろうか。

1 ナチ＝ドイツの侵略

・ナチ＝ドイツ，オーストリア併合(1938)につづいて❶　　　　　　　　　地方の併合を求める

→❷　　　　　　　　　　　会談：イギリスは❸　　　　　　　政策をとり，ドイツの要求を認める

→ドイツはこれに満足せず，チェコスロヴァキアを解体(1939.3)

・ソ連は英仏の対独❸の姿勢に不信感を抱き，ドイツに接近

→❹　　　　　　　　　　条約(1939.8)

2 第二次世界大戦のはじまり

・ドイツによる❺　　　　　　　　　　　侵攻(1939.9)

→英仏がドイツに宣戦，第二次世界大戦開始，ソ連も❺やフィンランド侵略

・ドイツは北欧・西欧諸国をつぎつぎと占領

→フランス降伏(1940.6)

→イタリアもドイツ側で参戦

⇔アメリカ，❻　　　　　　　　　法制定(1941)：ドイツ・イタリアとの対決姿勢を明確に

・ドイツが突如ソ連に侵攻(1941.6)＝❼　　　　　　　　開始

・アメリカ・イギリスが❽　　　　　　　　　　発表(1941.8)

→戦後秩序の構想を明らかに，ソ連など15カ国も参加を表明

3 日本の仏印進駐と日米交渉

・日中戦争の泥沼化

→日本，援蔣ルート遮断と資源確保を目的に❾　　　　　　　　　　北部に進駐(1940.9)

　❿　　　　　　　　　　　　同盟

→アメリカやイギリスによる対日経済制裁，中国支援

→⓫　　　　　　　　　条約(1941.4)→❾南部に進駐

→アメリカ，石油などの対日輸出全面禁止，日米交渉は破局をむかえる

4 太平洋戦争のはじまり

・日本軍，マレー半島上陸・⓬　　　　　　　　真珠湾攻撃(1941.12)

→アメリカ・イギリスに宣戦，太平洋戦争開始

→ドイツ・イタリアもアメリカに宣戦，戦争は世界規模に

⇒アメリカ・イギリス・ソ連を中心とする⓭　　　　　　　　　とドイツ・イタリア・日本を中心とする⓮　　　　　　　　　　の対立構造が確立

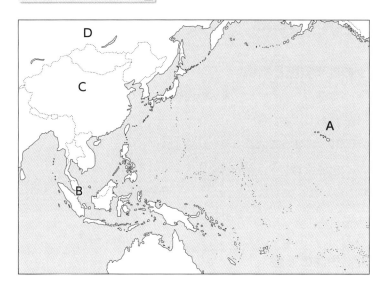

(1) 1941年12月の日本の勢力範囲を着色しよう。

(2) 1942年夏の日本軍の戦線を線で示そう。

(3) 1941年12月8日に日本が攻撃を実行し，太平洋戦争がはじまるきっかけとなった場所をA～Dのなかから2つ選ぼう。

（　　・　　）

まとめの問いにチャレンジ

整理 　第二次世界大戦は何をきっかけにはじまったのだろうか。ヨーロッパ戦線とアジア・太平洋戦線の両方から考えよう。

① 　戦争がはじまった経緯を，ヨーロッパ戦線とアジア・太平洋戦線にわけて以下の表に整理してみよう。

ヨーロッパ戦線	
アジア・太平洋戦線	

+α 　あなたは，日本とアメリカ・イギリスの対立はいつはじまったと思うか。

① 　教科書も参考に，いつはじまったか，あなたの意見をまとめてみよう。

② 　そう考える理由を説明してみよう。

37 第二次世界大戦の終結

第二次世界大戦は，どのように展開し，どのように終わったのだろうか。

ここがポイント

ドイツや日本は占領地域でどのような支配をしいたのだろうか。

1 ドイツの軍事支配と抵抗

・ナチ＝ドイツは❶　　　　　　　　　　人への民族的迫害を徹底

→❶をゲットーにおしこみ，❷　　　　　　　　　　　　　　などの

　強制・絶滅収容所に送って大量虐殺をおこなう(ホロコースト)

・ドイツはフランスや東欧の占領地域の住民を強制労働にかりたてる

→各地で❸　　　　　　　　　　　運動が広がりをみせる

・❹　　　　　　　　　　はロンドンで「自由フランス政府」を結成

・ユーゴスラヴィアでは❺　　　　　　　　が抵抗運動を組織

2 大東亜共栄圏の実態

・日本は占領地で欧米列強からのアジアの解放をうたう❻　　　　　　　　

　　　　　　　　の構想を掲げる

⇔独立は認めず，軍事物資・食料・労働力を強制徴発，言論統制もおこなう

→日本への反発，抗日民族運動の展開

⇒戦後の独立戦争へ

・日本は東南アジアや朝鮮・台湾で❼　　　　　　　　政策を実施：日本語の

　使用や❽　　　　　　　参拝を強要

・朝鮮では多くの人々が炭坑・鉱山や軍需工場に強制連行され，多くの女性

　が慰安婦として戦地に送られる

3 第二次世界大戦の終結

・連合国はアメリカの巨大な経済力に支えられ，1942年から反撃に転じる

→太平洋戦線：❾　　　　　　　　　　　海戦でアメリカが日本に勝利

　ヨーロッパ戦線：❿　　　　　　　　　　　　　　　の戦いでソ

　連軍がドイツ軍に勝利

→イタリア降伏(1943.9)，パリ解放(1944.8)，ドイツ降伏(1945.5)

・⓫　　　　　　　　　会談(1945.2)：連合国はドイツの戦後処理とソ連の対日

　参戦を決定

→日本諸都市への空襲本格化(1945.3)，沖縄占領(1945.6)

→⓬　　　　　　　　宣言：連合国は日本に降伏をよびかけ

→広島・長崎への⓭　　　　　　　　　投下，ソ連の対日宣戦

→日本，⓬宣言を受諾(1945.8.14)

→降伏文書調印(1945.9.2)

ここがポイント

第二次世界大戦の形勢は，どのようにして変化していったのだろうか。

資料に取り組もう

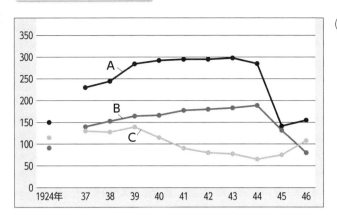

(1) 左のグラフの**A〜C**の折れ線は、フランス、ドイツ、日本について、1913年の値を100とした場合の1924, 1937〜46年の実質GDPの推移を示している。折れ線に当てはまる国名を答えよう。

A（　　　　　　　　）

B（　　　　　　　　）

C（　　　　　　　　）

まとめの問いにチャレンジ

整理 戦時中、ドイツや日本の占領下におかれていた地域では、どのような支配がしかれていたのだろうか。

① ドイツと日本の占領下におかれていた地域ではどのような支配がしかれていたか、ドイツと日本にわけて以下の表に整理してみよう。

ドイツ	
日本	

+α 第一次世界大戦と第二次世界大戦との共通点と相違点を整理してみよう。

① 教科書 p.118〜119も参考に、第一次世界大戦と第二次世界大戦の共通点と相違点を調べて以下の表に整理してみよう。

共通点	相違点

38 国際連合と国際経済体制

第二次世界大戦後の国際秩序は，どの国が主導し，どのようにして形成されたのだろうか。

1 国際連合の発足

・アメリカ大統領のローズヴェルトとイギリス首相の❶_____

　　　　　が❷_____を打ちだす(1941.8)：領土不拡大や民族

　自決，貿易の自由，一般的な安全保障制度の確立をうたう

→連合国共同宣言(1942.1)，モスクワ宣言(1943.11)

→連合国は❸_____会議で❹_____

　　憲章を採択(1945.6)

→❹発足(1945.10)

ここがポイント

❹は，どのような理念のもとに組織されたのだろうか。

2 国連の理念と安保理

・ホロコーストなどの非人道的な大量殺りくの経験

→❺_____宣言採択(1948)

・国際平和と安全の維持のための中心機関として❻_____

　　　　　　　が設けられる

・常任理事国(米・ソ・英・仏・中)には❼_____権があたえられる

→米ソの対立表面化とともに頻繁に行使されるように

3 新たな国際経済体制

・世界恐慌の発生とブロック経済化・保護貿易が大戦を招いたという教訓

→戦後構想において新たな国際経済体制の構築も重視される

・❽_____会議

→❾_____：各国の通貨安定のため資金融資

　❿_____：戦後復興と開発途上国の開発の

　ため長期的融資

・⓫_____(関税と貿易に関する一般協定，1947)：自由貿易推

　進

⇒開放的で多角的な国際経済体制である❽体制成立

⇔ソ連は参加せず，経済面でも米ソの対立が深まる

ここがポイント

第二次世界大戦後には，どのような国際経済体制が構築されたのだろうか。

4 福祉国家の形成

・イギリスのアトリー労働党政権は，国民生活の安定化を重視し，「⓬_____

　　　　　　　から⓭_____まで」とよばれる社会保障制度を確立

＝国民の福祉増進を国家が積極的に担う⓮_____国家の建設

→ほかの先進国でも取り入れられる

ここがポイント

どのような背景のもとで⓮国家の建設がめざされたのだろうか。

資料に取り組もう

```
        ( A )経済と保護貿易
              ↓
    第二次世界大戦・世界貿易の縮小
         ↓              ↓
    ( B )協定      関税と貿易に関する
      ↓    ↓          一般協定
  ┌─────┬─────┐        │
  ( C )  ( D )      ( E )
・戦後復興  ・為替安定    ・自由貿易
・開発途上国援助 ・短期貸付  ・1995年にWTO
・長期貸付  ・金ドル本位制    へ
         （固定相場）
  ↑         ↑         ↑
  └─( F )の経済力・ドルの信用で支える─┘
```

(1) A～Fに入る言葉を答えよう。

A (　　　　　　　　　　　　　　)経済

B (　　　　　　　　　　　　　　)協定

C (　　　　　　　　　　　　　　)

D (　　　　　　　　　　　　　　)

E (　　　　　　　　　　　　　　)

F (　　　　　　　　　　　　　　)

まとめの問いにチャレンジ

整理 大戦の経験は戦後における国際秩序の形成にどのような影響をもたらしただろうか。

① 戦後における国際秩序の形成に関連して重要な国際連合と、ブレトン゠ウッズ体制について、それぞれ大戦の経験がどのような影響をあたえているか、以下の表に整理してみよう。

国際連合	
ブレトン゠ウッズ体制	

+α 国際連合は、当初の理想通りに機能しただろうか、考えてみよう。

① 当初の理想通りに機能したかどうか調べて、簡潔にあなたの意見を答えよう。

② なぜそう判断したか、理由を答えよう。

39 冷戦の開始とアジアへの波及

冷戦はどのようにはじまり，どのように広がっていったのだろうか。

1 米ソ対立のはじまり

・連合国の米ソ間には，第二次世界大戦末期から対立が生じる

→❶　　　　　　　　　　　　＝ドクトリン：アメリカ大統領の❶が自由主義国支援を宣言

・❷　　　　　　　　　　　　　　　　：ヨーロッパの経済復興

⇔ソ連は❸　　　　　　　　　　　　　（共産党情報局）や経済相互援助会議（❹　　　　　　　　　　）をつくって結束を強化

2 「冷戦」

ここがポイント
冷戦とはどのような対立状態のことをさすのだろうか。

・❺　　　　　　　　　　　　　　　（1949）：アメリカ・カナダと西欧諸国が相互防衛のために結成

→ドイツ連邦共和国（西ドイツ）がこれに加盟

⇔❻　　　　　　　　　　　　　　　　：ソ連・東欧諸国が設立

・ソ連，原爆実験に成功（1949）

→核兵器を中心とした軍備拡張競争も加速

⇒「冷戦」：アメリカ中心の❼　　　　　　主義陣営とソ連中心の❽　　　　　主義陣営が鋭く対立しながら全面戦争には至らず

3 中華人民共和国の成立

ここがポイント
中華人民共和国の成立は，国際社会にどのような影響をあたえたのだろうか。

・中国では，大戦末期から国民党と共産党の対立が深まり，内戦開始（1946）

→共産党が勝利，❾　　　　　　　を主席とする❿　　　　　　　　　建国（1949），首相には⓫　　　　　　　　が就任

→⓬　　　　　　　　　　　　　条約を結んで東側陣営へ

⇔内戦に敗れた国民党の⓭　　　　　　は⓮　　　　　　で政権を維持

→アメリカや日本はこの中華民国政府を正統な中国政府とみなす

4 朝鮮戦争

ここがポイント
朝鮮戦争は，冷戦とどのような関係にあったのだろうか。

・朝鮮半島は北緯⓯　　　度線を境に南はアメリカ，北はソ連の占領下におかれる

→南：⓰　　　　　　　を大統領とする⓱　　　　　　　　成立（1948）

　北：⓲　　　　　　　を首相とする⓳　　　　　　　　　成立（1948）

・北朝鮮軍が半島統一をめざし南部に侵攻（1950）

→⓴　　　　　戦争，アメリカ中心の㉑　　　　　　　　や中華人民共和国軍も参戦，ソ連も援助をおこなう

→休戦協定（1953）

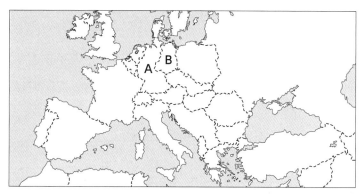

資料に取り組もう

(1) 北大西洋条約機構加盟国とワルシャワ条約機構加盟国をそれぞれ着色しよう。

(2) 地図中の**A・B**の正式な国名を答えよう。

A (　　　　　　　　　　　　)

B (　　　　　　　　　　　　)

まとめの問いにチャレンジ

整理 冷戦はどのようにはじまり，またそれは東アジアにどのような影響をあたえたのだろうか。

① 冷戦はどのようにはじまったか，まとめてみよう。

② 冷戦が東アジアにどのような影響をあたえたか，まとめてみよう。

+α 朝鮮半島が南北に分断されたことでどのような問題がおきているのだろうか。

① 朝鮮半島が南北に分断されたことでおきた問題について調べ，1つ例をあげてみよう。

② ①であげた例について，問題の概要をまとめてみよう。

79

40 敗戦国の戦後改革と日本国憲法の制定

連合国による占領政策はどのようにすすめられたのだろうか。

1 ドイツの分割占領と東西ドイツの成立

・ドイツと日本：連合国によって占領され，戦争犯罪人に対する国際軍事裁判開催，非軍事化・❶　　　　　　　　　化がすすめられる

・ドイツは，米・英・仏・ソによって分割占領される

→占領政策をめぐり米・英・仏とソが対立

→❷　　　　　　　　　　　　　　　（1948）：ソ連が西ベルリンへの交通を遮断

→❸　　　　　　　　　　　　　　（西ドイツ）と❹

　　　　　　　　　（東ドイツ）が成立（1949）

ここがポイント

ドイツが❸と❹にわかれたのはなぜだろうか。

2 日本に対する占領政策

・日本の占領政策はアメリカが主導

・❺　　　　　　　　　　　　　：対日占領政策の最高決定機関

・❻　　　　　　　　　　　　　　　　　　：実権をにぎる，最高司令官❼

・日本政府を通じた間接統治⇔沖縄や小笠原諸島はアメリカによる直接統治

・❽　　　　　　　　　　　：❻が発した民主化の指針

→陸海軍の解体や❾　　　　　　　　　の断行

❿　　　　　　　　　　：経済民主化

⓫　　　　　　　　　　：自作農創設

⓬　　　　　　　　法や⓭　　　　　　　　　　法：労働者の権利拡大

⓮　　　　　　　　法により平和と民主主義をめざす教育理念を掲げる

⓯　　　　　　　　法による学校制度刷新

ここがポイント

❻はどのようにして日本の民主化をすすめたのだろうか。

3 日本国憲法の制定

・1946年11月3日，⓰　　　　　　　　憲法公布，翌年5月3日施行

・⓱　　　　　主権，⓲　　　　　　　の尊重，⓳　　　　　主義の3原則を掲げる

・⓴　　　　　は「日本国民統合の象徴」，㉑　　　　　は「国権の最高機関」とされる

→㉒　　　　　　　法や民法，刑法などの法律も制定・改正

4 占領下の日本

・政界の再編がすすみ，㉓　　　　　　参政権が認められる

・新憲法下初の総選挙：第1党㉔　　　　　　　党，首相㉕

→1949年，㉖　　　　　　率いる民主自由党が圧勝→保守政権がつづく

資料に取り組もう

日本国憲法前文　　　　　　　　　　　　　　史料

　日本国民は，正当に選挙された（　**A**　）における代表者を通じて行動し，われらとわれらの子孫のために，諸国民との協和による成果と，わが国全土にわたつて自由のもたらす恵沢を確保し，政府の行為によつて再び（　**B**　）の惨禍が起ることのないやうにすることを決意し，ここに（　**C**　）が国民に存することを宣言し，この憲法を確定する。……

　日本国民は，恒久の（　**D**　）を念願し，人間相互の関係を支配する崇高な理想を深く自覚するのであつて，（　**D**　）を愛する諸国民の公正と信義に信頼して，われらの安全と生存を保持しようと決意した。……われらは，全世界の国民が，ひとしく恐怖と欠乏から免かれ，（　**D**　）のうちに生存する権利を有することを確認する。……

(1)　A～Dに入る言葉を答えよう。

A（　　　　　）

B（　　　　　）

C（　　　　　）

D（　　　　　）

まとめの問いにチャレンジ

整理　日本とドイツに対する占領政策の共通点と相違点は何だろうか。

①　日本とドイツに対する占領政策の共通点と相違点を以下の表に整理してみよう。

共通点	相違点

+α　日本国憲法の制定によって国のしくみはどのようにかわったのだろうか。

①　大日本帝国憲法と日本国憲法の特徴を調べ，国のしくみがどのようにかわったか，以下の表に整理してみよう。

大日本帝国憲法		日本国憲法
	主権	
	天皇の地位	
	国民の権利	
	戦争・軍隊	
	国会の位置づけ	
	内閣の位置づけ	

41 平和条約と日本の独立回復

冷戦は日本の国際社会への復帰にどのような影響をもたらしただろうか。

ここがポイント
冷戦によって，日本の占領政策はどのように変化したのだろうか。

1 対日占領政策の転換

・冷戦の本格化

→アメリカは非軍事化から日本経済の自立化と政治の安定化へと占領政策を転換

・ＧＨＱは❶　　　　　　　　　　　　　　　　　　実施を指令(1948)

→❷　　　　　　　来日，超均衡予算の編成や❸

　　　　　　　　　などの具体策を日本政府に提示＝❷＝ライン

・❹　　　　　　戦争勃発(1950.6)

→ＧＨＱは❺　　　　　　　　　　　創設を指令(1950.7)

・ＧＨＱは官公庁や報道機関などからの共産党員や同調者の追放を指示

＝❻

・戦争を機に武器修理や弾薬製造など特需が発生＝❼

2 講和と安保条約の成立

・❹戦争による国際情勢が緊迫するなか講和に向けた動きが加速

→社会主義諸国を含めた❽　　　　　　　講和を求める世論の高まり

→首相❾　　　　　　　はアメリカとの関係を重視し，早期講和を選択

→❿　　　　　　　　　　　　　　条約(1951)：❹の独立を

　認め，⓫　　　　　　　　・南樺太・千島列島を放棄

→日本の独立回復(1952)

⇔⓬　　　　　　や奄美，小笠原諸島はアメリカの施政権下にとどまる

　社会主義諸国との講和やアジア諸国への賠償問題などが課題として残存

・⓭　　　　　　　　　　　　条約(1951)：独立後の米軍駐留を認める

→⓮　　　　　　　協定(1952)：米軍の駐留費用を日本が負担

⇒日本は安全保障面でアメリカに依存，経済的には資本主義陣営の国に

ここがポイント
日本はどのようにして国際社会に復帰したのだろうか。

3 独立後の日本

・独立後の日本では占領改革を見直す動きや民主化への反動がみられる

→公職追放の解除，⓯　　　　　　　　　　法成立

　❺が⓰　　　　　　　に改組，⓱　　　　　　発足(1954)

　⓲　　　　　　　協定(日米相互防衛援助協定など，1954)

・国民には平和への意識と反戦感情が行きわたる

→再軍備反対や米軍基地反対の運動

・⓳　　　　　　　　事件(1954)

→⓴　　　　　　　運動が広がる

ここがポイント
独立後の日本では，何がおきたのだろうか。

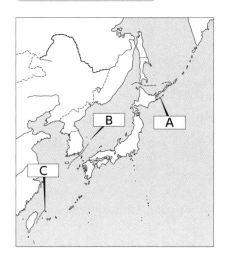

(1) 平和条約規定による日本領を線で囲もう。

(2) 敗戦前の日本領に斜線を引こう。

(3) A・Bにあてはまる領土問題の名称を答えよう。

　　　　　　　　　　　　A (　　　　　　　　　　)問題

　　　　　　　　　　　　B (　　　　　　　　　　)問題

(4) 中国や台湾が領有権を主張しているCの島々の名称を答えよう。

　　　　　　　　　　　　　　　　(　　　　　　　　　　)

まとめの問いにチャレンジ

整理 中国，朝鮮やソ連と平和条約を結ばなかったのはなぜだろうか。

① 1951年に日本が結んだ平和条約の名称と，当時の日本の首相の名前を答えよう。

　　　　　平和条約の名称(　　　　　　　　　　　　　　　　　)条約

　　　　　首相の名前　　(　　　　　　　　　)

② ①も参考に，背景となる国際情勢に注意しつつ，整理の問いの答えをまとめてみよう。

　　

+α 戦後日本の平和運動はどのように展開しただろうか。

① 教科書も参考に，独立直後の日本における平和運動についてまとめてみよう。

　　

② ①も参考に，現在にいたる日本の平和運動について調べてまとめてみよう。

42 アジア諸国の独立と中東戦争

第二次世界大戦後，アジア諸国はどのようにして独立を達成したのだろうか。

ここがポイント

西アジアではどのような対立関係が生じたのだろうか。

1 西アジア諸国の独立

・第二次世界大戦中から，アジアでは独立運動が高まる

→西アジアではレバノン・ヨルダン・シリアが独立

→エジプト・イラク・サウジアラビア・イエメンとともに，アラブ諸国の独立と団結を目的に❶　　　　　　　　　　　　結成(1945)

2 中東戦争のはじまり

・パレスチナ：❷　　　　　　　　　　　　を唱えるユダヤ人が移住し，先住のアラブ人との対立がつづく

→国連による分割決議(1947)

→❶はこれを拒否，ユダヤ人は翌年❸　　　　　　　　　　　建国を宣言

→❹　　　　　　　　　　　戦争の勃発，アラブ側は敗北

・エジプト：❺　　　　　　　　らが王政打倒(エジプト革命)，共和国成立

→❺による❻　　　　　　　　　　国有化宣言

→❼　　　　　　　　　　戦争の勃発

3 南アジア諸国の独立

ここがポイント

南アジア諸国はどのようにして独立を達成したのだろうか。

・南アジアでも独立を求める動きが強まる⇔宗派間の反目が激化

→インドは，ヒンドゥー教徒を主体とする❽　　　　　　　　　　とムスリムを主体とする❾　　　　　　　　　　　に分裂して独立

→両国の対立はつづき，3度にわたる戦争がおこる

　第3次の戦争では東❾が分離・独立して❿　　　　　　　　　　　　　が成立

4 東南アジア諸国の独立

ここがポイント

東南アジア諸国では，独立の前後でどのような問題が生じたのだろうか。

・東南アジアでは，フィリピン(1946)，ビルマ(1948)が独立

⇔ベトナムやインドネシアでは宗主国との間で戦争に

・インドネシア：⓫　　　　　　　　　　による独立宣言(1945)

→オランダとの独立戦争ののち独立(1949)

→軍事クーデタ(1965)により⓫失脚，⓬　　　　　　　　　が政権をにぎる

・ベトナム：⓭　　　　　　　　　　　　　が⓮

　　　　　　　　　　の独立を宣言

→⓯　　　　　　　　　　戦争：フランスとの戦争

→⓰　　　　　　　　　　協定(1954)で北緯17度線を境界とするベトナム分断が決定

� 資料に取り組もう ◢

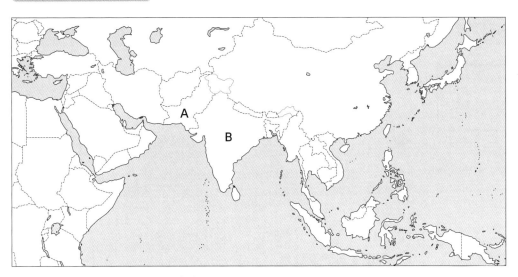

(1) 戦後独立したアジア諸国を着色しよう。

(2) A・Bの国名とその国でおもに信仰されている宗教を答えよう。

A 国名(   ) 宗教(   )

B 国名(   ) 宗教(   )

まとめの問いにチャレンジ

整理 独立するにあたり，戦争になった国の対立関係を整理してみよう。

① 独立するにあたり，戦争になった国をあげてみよう。

② ①を参考に戦争を一つ選び，対立関係や戦争の経緯・結果を整理してみよう。

+α インドとパキスタンの戦争の原因と現在への影響を調べてみよう。

① 教科書のコラム「カシミール問題」も参考に，＋αの問いの答えを調べてまとめてみよう。

43 アフリカ諸国の独立と第三世界の台頭

独立後のアジア・アフリカ諸国はどのような問題に直面したのだろうか。

1 アフリカ諸国の独立

・アフリカでは戦後，植民地が次々に独立：リビア(1951)，スーダン・モロッコ・チュニジア(1956)，ガーナ(1957)

→❶　　　　　　年：ナイジェリアなど17カ国が独立＝「❷

　　　　　　　」

・❸　　　　　　　　　　　　　　　　　：アフリカ諸国の連帯と植民地主義の克服をめざす

⇔旧宗主国が実質的な支配をつづけようとする❹　　　　　　　　　主義

ここがポイント
アフリカ諸国が直面した問題の背景には何があったのだろうか。

2 混迷するアフリカ

・アフリカでは植民地時代の境界がそのまま国境に

→民族対立

→❺　　　　　　　　　　やビアフラ戦争などの激しい内戦や軍部によるクーデタがおこる

・対立の収拾や分裂の克服を口実にきびしい独裁がおこなわれる国も

ここがポイント
アジア・アフリカ諸国は，どのようにして国際社会で発言力を増していったのだろうか。

3 第三世界の台頭

・独立したアジア・アフリカの新興諸国は，東西陣営のどちらにも属さないという意味で❻　　　　　　　　　　とよばれる

・❼　　　　　　　　　(1954)：領土と主権の尊重，相互不可侵，内政不干渉，平等互恵，平和共存を内容とする，中国首相の❽　　　　　とインド首相の❾　　　　　　　が共同で発表

→翌年の❿　　　　　　　　　　　　会議では❼に反植民地主義や人種差別撤廃などを加えた⓫　　　　　　　　　　が採択

・第1回⓬　　　　　　　　　　会議(1961)：ユーゴスラヴィア大統領⓭　　　　　　　　主導，❹主義への反対や民族解放闘争の支持などを宣言

・これら原則や宣言の背景には，冷戦構造が新興諸国の発展を妨げているという考えがある

ここがポイント
アジア・アフリカ諸国と先進国の経済格差はなぜ広がったのだろうか。

4 広がる経済格差

・政治的独立を達成した第三世界の国々の多くは植民地時代の従属的な経済構造である⓮　　　　　　　　　　　　　　　　に苦しむ

→先進国との経済格差拡大＝⓯　　　　問題

・⓰　　　　　　　　　　(1964)：⓯問題に対処するために設立

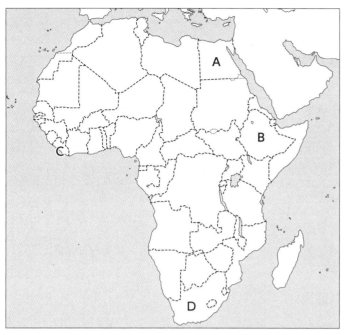

(1) 第二次世界大戦前の独立国A～Dを答えよう。

A (　　　　　　　　　　)

B (　　　　　　　　　　)

C (　　　　　　　　　　)

D (　　　　　　　　　　)

(2) 1960年の独立国を着色しよう。

(3) 現在も独立していない西サハラを着色しよう。

まとめの問いにチャレンジ

整理 多くのアジア・アフリカ諸国で，政治的な独立が経済的な自立や社会の安定につながらなかったのはなぜだろうか。

① アフリカ諸国の国境をめぐる観点から，整理の問いの答えをまとめてみよう。

② 旧宗主国との関係や独立国の経済構造をめぐる観点から，整理の問いの答えをまとめてみよう。

＋α 非同盟諸国首脳会議は，どのような国際秩序をめざしていたのだろうか。

① 平和五原則や平和十原則の内容も参考に，＋αの問いの答えを調べてまとめてみよう。

44 核戦争の危機から核軍縮へ

1950～60年代にかけて，冷戦下の米ソの関係は，どのように変化したのだろうか。

ここがポイント

米ソの平和共存の動きはどのようにして生まれたのだろうか。

ここがポイント

米ソの対立とキューバでのできごとはどのように関係していたのだろうか。

ここがポイント

東側陣営は何をきっかけに，どのように動揺したのだろうか。

1 平和共存の動き

・スターリン死去→米ソ間で対立をやわらげようという動き（「雪どけ」）

→❶　　　　　戦争の休戦（1953）

　❷　　　　　　　　戦争の停戦（1954）

　❸　　　　　　　　　　会談（1955）

→ソ連の❹　　　　　　　　訪米（1959）により「雪どけ」の機運はさらに強まる

⇔東ベルリンから西ベルリンへの市民流出

→東ドイツ政府による❺　　　　　　　　の建設（1961）

→緊張の高まり

2 キューバ危機

・第二次世界大戦後のラテンアメリカでは，ヨーロッパ諸国に代わってアメリカの影響力が増大

・キューバでは親米政権を倒して❻　　　　　　　を指導者とする革命政権が誕生（1959）

→ソ連がキューバにミサイル基地を建設していることが明らかに（1962）

→米ソ間で全面核戦争の危機が生じる＝❼

→ソ連の譲歩により危機回避

→ホットラインの設置，❽　　　　　　　　条約（1963）

→❾　　　　　　　条約（ＮＰＴ）（1968）

3 スターリン批判と東側陣営の動揺

・❿　　　　　　　（1956）：ソ連の❹は，スターリンによる個人崇拝の強要や反対派の大量粛清を批判，資本主義国との平和共存を提唱

→東欧諸国で自立を求める動き

　ポーランド：反政府・反ソ暴動（1956）

→ソ連が軍事介入

　チェコスロヴァキア：第一書記⓫　　　　　　　による自由化・民主化の改革（「⓬　　　　　　　」）

　→ワルシャワ条約機構軍の介入

・❹の平和共存路線は中国共産党との論争を引きおこす

＝⓭

資料に取り組もう

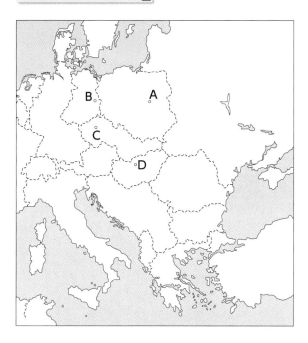

(1) 1955年調印時のワルシャワ条約機構加盟国を着色しよう。

(2) 1956年に反ソ暴動がおこった国を2つ答えよう。　（　　　　　　　　）
　　　　　　　　　　　　　　　　　　　（　　　　　　　　）

(3) 1961年，人々の往来を制限するために壁が建設された都市はどこだろうか。A～Dから選ぼう。　（　　　）

(4) 1968年，ドプチェクが指導して自由化・民主化を求める改革がおこなわれた国名を答えよう。
　（　　　　　　　　　　　　　　　）

まとめの問いにチャレンジ

整理　東欧ではなぜ，ソ連から自立する動きが相次いだのだろうか。

① 東欧でソ連から自立する動きが相次ぐ原因となったできごとを答えよう。

　（　　　　　　　　　　　　　　　　　　　　　　）

② ①も参考に，整理の問いの答えを文章にまとめてみよう。

+α　キューバ危機のあとの核軍縮にむけた取り組みについて調べてみよう。

① 教科書 p.160～161なども参考に，キューバ危機のあとの核軍縮にむけた取り組みについて調べ，具体例を一つあげてみよう。

② ①で答えた具体例について，どのような取り組みか説明してみよう。

45 西側諸国の多極化と日本の動向

西ヨーロッパと日本の戦後には，どのような違いがあったのだろうか。

ここがポイント

第二次世界大戦後の西ヨーロッパ諸国では，何がおきたのだろうか。

1 ヨーロッパ統合の動き

・西ヨーロッパ諸国はアメリカからの援助もあって復興がすすみ，経済が順調に成長，社会保障制度の拡充もすすむ

・フランス：大統領❶＿＿＿＿＿＿＿＿＿＿が「フランスの栄光」を唱える

→核開発成功（1960）

独自外交を展開：中華人民共和国承認（1964），❷＿＿＿＿＿＿＿＿＿の軍事機構脱退（1966）

・西ドイツ：首相❸＿＿＿＿＿＿＿が東側諸国との関係改善に注力

＝「❹＿＿＿＿＿外交」

→東西ドイツの国連同時加盟（1973）

・西ヨーロッパでは，米ソへの対抗，共存と安定の枠組み形成をめざし地域統合に向けた動きがすすむ

→❺＿＿＿＿＿＿＿＿＿＿＿＿＿結成（1958）

→❻＿＿＿＿＿＿＿＿＿＿＿に発展（1967）

2 日本の国際社会への復帰

ここがポイント

日本の国連加盟はどのようにして実現したのだろうか。

・❼＿＿＿＿＿＿＿＿内閣：吉田茂の政治路線を批判，憲法改正と再軍備を提唱，アメリカ以外との関係強化をめざす

→❽＿＿＿＿＿＿＿宣言調印

→日ソ国交回復，日本の❾＿＿＿＿＿加盟実現

・1955年の総選挙で日本社会党が議席をのばす

→日本民主党と自由党が合同（保守合同），❿＿＿＿＿＿＿党結成

→❿が政権をにぎりつづけたのに対し，日本社会党は最大野党の地位を維持

＝⓫＿＿＿体制

3 新安保条約と安保闘争

ここがポイント

新安保条約にはどのような問題があったのだろうか。

・⓬＿＿＿＿＿＿＿内閣：日米安全保障条約を改定し，日米関係の対等化をめざす

→⓭＿＿＿＿＿＿＿＿＿＿＿＿＿＿条約調印

⇔アメリカの戦争に巻きこまれることを警戒して反対運動がおきる

＝⓮＿＿＿＿＿闘争

→衆議院で条約承認を強行採決，全国的な反対運動激化

→⓭条約成立，⓬内閣総辞職

(1) 写真中央の建物の名称を答えよう。

（　　　　　　　　　　　）

(2) 集まった人々は何をしているのだろうか。次から選んでみよう。(　　　)

ア 日本の国連加盟に反対する人たちが，デモをおこなっている。

イ 岸信介内閣を支持する人たちが，国会に応援に駆けつけている。

ウ 新安保条約に反対する人たちが，デモをおこなっている。

まとめの問いにチャレンジ

整理 西ヨーロッパで地域統合がすすめられたのはなぜだろうか。

① 西ヨーロッパで地域統合がすすめられた目的を2つ答えよう。

| |
| |
| |

+α 新安保条約をめぐって強い反対運動がおきたのはなぜだろうか。

① 新安保条約の条文をふまえ，日本国内で条約のどのような点が問題となったか調べてまとめてみよう。

| |
| |

② 新安保に対する反対運動には，条約成立にいたる経緯も影響をあたえた。条約成立の経緯について調べてまとめてみよう。

| |
| |

46 日本の高度経済成長とアジアとの関係回復

高度経済成長は日本社会にどのような影響をおよぼしたのだろうか。

1 「もはや戦後ではない」から所得倍増へ

・1950年代後半の日本：景気の急拡大，国民所得も戦前の水準を上回る
・❶＿＿＿＿＿＿＿＿内閣
「所得倍増」を掲げて国民の生活改善を政策の中心にすえ，好景気をもたらす（❷＿＿＿＿＿景気）
貿易自由化につとめる：❸＿＿＿＿＿＿＿＿＿＿＿＿の8条国に移行，
❹＿＿＿＿＿＿＿＿＿＿＿＿加盟

ここがポイント
高度経済成長はどのようにして実現したのだろうか。

2 高度経済成長の光と影

・❺＿＿＿＿＿＿＿政権
好景気がおとずれる（❻＿＿＿＿＿＿＿景気）
→国民総生産が資本主義諸国のなかで第2位に，円安に固定された為替レートのもとで輸出も拡大
＝❼＿＿＿＿＿＿成長
・❼成長の背景：生産性と品質向上を徹底的に追求，教育水準の高いすぐれた労働力にめぐまれる，平和国家として防衛費支出が低い割合におさえられる
・❼成長期には多くの若い人口が大都市に移動
→大都市では生活基盤の整備や福祉が人口増加に追いつかず
⇔農山村の❽＿＿＿＿＿化が深刻な社会問題に

ここがポイント
高度経済成長はどのような問題を生んだのだろうか。

・貿易自由化により農産物輸入が増加
→❾＿＿＿＿＿＿＿＿低下
・重化学工業の急速な発展や大都市の過密化
→❿＿＿＿＿＿問題が深刻に
→⓫＿＿＿＿＿＿＿＿法制定（1967），⓬＿＿＿＿＿＿＿＿設置（1971）
・消費者の権利についても⓭＿＿＿＿＿＿＿＿法成立（1968）

3 アジア諸国との関係回復

・東南アジア諸国とは第二次世界大戦の賠償をめぐる交渉が難航
→ビルマ（1954），フィリピン（1956），インドネシア（1958）との賠償協定
→日本企業が東南アジアに再進出するきっかけに
・韓国との交渉：⓮＿＿＿＿＿＿＿＿条約（1965）で国交樹立
⇔韓国国内では基本条約調印に激しい反対がおきる

ここがポイント
日本は，どのようにしてアジア諸国との関係を回復したのだろうか。

資料に取り組もう

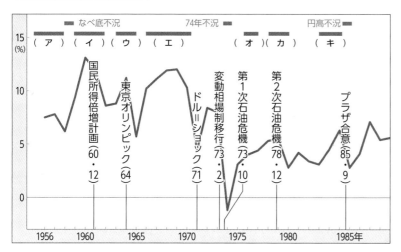

(1) **ア～キ**の期間のうち、岩戸景気、いざなぎ景気を示しているものをそれぞれ選ぼう。

　　岩戸景気（　　　）

　　いざなぎ景気（　　　）

(2) 戦後初のマイナス成長は何年だろうか。

　　（　　　　　）年

まとめの問いにチャレンジ

整理 高度経済成長はなぜ可能になったのだろうか。

① 高度経済成長が可能になった理由を3つ答えよう。

+α 東南アジア諸国や韓国との関係回復が難航したのはなぜだろうか。

① 東南アジア諸国との関係回復が難航したのはなぜか、調べてまとめてみよう。

② 韓国との関係回復が難航したのはなぜか、調べてまとめてみよう。

47 米中の動揺とベトナム戦争

ここがポイント
中国の動揺はどのようにして生じたのだろうか。

ここがポイント
ベトナム戦争は，アメリカの動揺とどのように関係していたのだろうか。

ここがポイント
動揺するアメリカでは，どのような運動がさかんになったのだろうか。

ここがポイント
米中接近と日中国交正常化は，どのようにして可能になったのだろうか。

1 中ソ対立と文化大革命

・フルシチョフの❶

→中国はソ連の平和共存路線と対米接近を批判

→❷　　　　　　論争，国境紛争をめぐる局地的な軍事衝突(1969)

・毛沢東の❸　　　　　　　政策と人民公社による農業集団化→失敗

→劉少奇と❹　　　　　　　が行き過ぎを修正，経済回復につとめる

→毛沢東が❺　　　　　　　　　　　　　　　　　　　　　を開始

→劉少奇・❹の失脚，社会の大混乱，工業生産・科学技術の停滞

→毛沢東死去，❺終了

2 ベトナム戦争

・ジュネーヴ休戦協定後，アメリカは南ベトナムへの支援を強める

→南ベトナム国内では，北ベトナムの支援を受けた❻

　　　　　　　　　　　　　　が結成される

・アメリカ大統領❼　　　　　　　　　　，北ベトナムへの空爆と南ベトナムへの派兵開始=❽　　　　　　　　　戦争の本格化

→北ベトナム・❻のねばり，中ソの支援

→戦争長期化，アメリカ国内の批判

→❾　　　　　　　　協定(1973)

→北ベトナムが南ベトナムを制圧(1975)，❿

　　　　　　　　　樹立(1976)

3 アメリカ社会の動揺

・人種差別を実質的にもなくそうとする⓫　　　　　　　　運動がさかんに

→⓬　　　　　　　　　　による非暴力の大衆運動

→⓫法，経済的格差は解消されず

・女性の地位向上や環境問題に取り組む運動，❽戦争反対運動もさかんに

・若者はそれまでの価値観に疑問をもち，学生は大学改革を求める

4 米中接近と日中国交正常化

・アメリカ大統領⓭　　　　　　　　訪中，毛沢東・周恩来と会談(1972)

・日本も中国との関係改善に乗り出す

→⓮　　　　　　　　首相が訪中(1972)，⓯

　　に調印=日中国交正常化

→⓰　　　　　　　　　　条約(1978)

・小笠原諸島の返還(1968)，⓱　　　　　　　　の日本復帰(1972)も実現

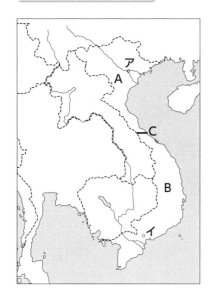

(1) A・Bの国名を答えよう

    A (   )

    B (   )

(2) Cのラインが引かれた協定を答えよう。

      (   ) 協定

(3) ア・イの都市名を答えよう。

      ア (   )

      イ (   )

まとめの問いにチャレンジ

整理 | ベトナム戦争終結の背景を整理しよう。

① ベトナム戦争の本格化からアメリカ軍の撤兵までの経緯をまとめてみよう。

② アメリカ軍の撤兵後から南北ベトナム統一に至る経緯をまとめてみよう。

+α | 日中国交正常化は，どのような国際環境のもとで実現したのだろうか。

① 教科書も参考に，日中国交正常化の背景となった米中接近とはどのようなできごとかまとめてみよう。

② 米中接近がおきた背景について，調べてまとめてみよう。

48 石油危機とイスラーム復興

石油危機は，世界の政治や経済にどのような影響をおよぼしたのだろうか。

1 ドル支配の変容

・アメリカは強大な経済力と❶＿＿＿＿＿＿＿＿＿＿＿＿制によって世界経済を主導

ここがポイント

❻がおきた背景には，何があったのだろうか。

→対外援助や❷＿＿＿＿＿＿＿＿＿＿戦争の負担増，西ドイツや❸＿＿＿＿＿＿の経済成長による貿易赤字拡大

→アメリカ大統領❹＿＿＿＿＿＿＿＿＿は金とドルの交換を停止，固定相場を改め❺＿＿＿＿＿＿＿＿制へ移行

＝❻＿＿＿＿＿＿＿＿＿＿

→先進工業国の不況

2 第 3 次・第 4 次中東戦争

ここがポイント

❼とアラブ諸国の紛争は，どのようにして継続したのだろうか。

・第 2 次中東戦争後も❼＿＿＿＿＿＿＿＿＿＿＿とアラブ諸国の紛争継続

・❽＿＿＿＿＿＿＿＿戦争(1967)：❼の先制攻撃ではじまり，❼が広大な占領地獲得

→❾＿＿＿＿＿＿＿＿＿＿＿＿＿中心の激しい闘争

・❿＿＿＿＿＿＿＿＿戦争(1973)：アラブ側の奇襲ではじまるがしだいに❼が優勢に

→エジプト大統領⓫＿＿＿＿＿＿＿＿は❼と平和条約を結ぶ

→❾やアラブ諸国の反発

3 石油危機

ここがポイント

先進国は，⓬にどのように対応したのだろうか。

・❿戦争に際し，アラブ産油国は原油価格引き上げや産油制限などの石油戦略を発動

→世界経済の大混乱＝⓬＿＿＿＿＿＿＿＿

・日本への影響は大きく，深刻なインフレがおこる＝「⓭＿＿＿＿＿＿＿＿＿＿」

→1974年の日本経済は戦後初のマイナス成長＝高度成長期の終わり

・⓬をきっかけに代替エネルギーや省エネルギー技術の開発がすすむ

・先進諸国が協調して国際的な課題に対応しようとする機運

→⓮＿＿＿＿＿＿＿＿＿＿開催

4 イスラーム復興

ここがポイント

イスラーム復興の動きは，なぜ生まれたのだろうか。

・❽戦争で大敗したイスラーム諸国では，イスラーム復興運動が台頭

→⓯＿＿＿＿＿＿＿では，シーア派最高指導者⓰＿＿＿＿＿＿＿＿＿がイスラーム政権樹立＝⓯革命

→革命波及をおそれるイラクのフセイン政権との間で⓱＿＿＿＿＿＿＿＿＿戦争がおこる

資料に取り組もう

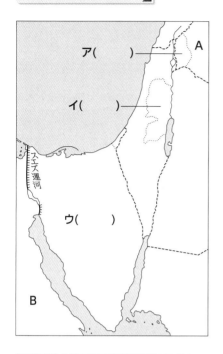

(1) 第3次中東戦争前のイスラエルの領土を着色しよう。

(2) 第3次中東戦争でのイスラエルの占領地を着色しよう。

(3) ア～ウに当てはまる地名を次から選び，（ ）に記号を記入しよう。

    a　ヨルダン川西岸地区

    b　シナイ半島

    c　ゴラン高原

(4) A・Bの国名を答えよう。　　A（　　　　　　　　）

                             B（　　　　　　　　）

まとめの問いにチャレンジ

整理　**石油危機は何をきっかけにしておこったのだろうか。**

① 石油危機がおこるきっかけとなったできごとを答えよう。

                                   （　　　　　　　　　　　　　　　　　　　　）

② ①で答えたできごとが石油危機につながった経緯をまとめてみよう。

+α　**石油への依存から脱却しようとする動きと現在の生活とのつながりを調べてみよう。**

① 石油への依存から脱却しようとする動きの具体例をあげてみよう。

② ①であげた動きと現在の生活とのつながりを調べてまとめてみよう。

49 東南アジア・東アジアの経済成長

> 東南アジア・東アジア
> は，それ以前と比べて
> どのように変化しただ
> ろうか。

ここがポイント

アジアではどのようにし
て経済成長がすすんだの
だろうか。

1　アジアの経済成長

- ❶ 　　　　　　主義：強権的な政治によって経済開発を優先，1960年代後半
  以降，東南アジアを中心とする開発途上国で採用
- →インドネシアの❷ 　　　　　　　　　　やシンガポールの❸ 　　　　　　　　
  　　　　　　　　　　など
- ・1970年代，アジアでは❹ 　　　　　，台湾，❺ 　　　　　　　，シンガポール
  が輸出により急速に発展＝❻
- ・❼ 　　　　　　　　　　　　　(1967)：インドネシア・マレ
  ーシア・シンガポール・タイ・フィリピンの 5 カ国で結成
- ・ベトナム：❽ 　　　　　　　　　　政策を採用し，市場経済導入や対外
  経済開放をすすめる，1995年❼加盟
- ・中国：❾ 　　　　　　　のもと「❿ 　　　　　　　　　　　　　」を目標に
  掲げる
- →市場経済を取り入れた改革・開放政策がすすめられる

ここがポイント

民主化の動きは，どのよ
うな国々でみられたのだ
ろうか。

2　民主化の波とその影響

- ・経済成長とともに民主化の動きがみられるように：フィリピン(1986)，カ
  ンボジア(1991)など
- ・韓国：国民による直接選挙が実現
- →⓫ 　　　　　　　　　が大統領に就任
- →南北朝鮮の国連同時加盟(1991)，ソ連・中国と国交を結ぶ
- ⇔北朝鮮：⓬ 　　　　　　　　　　党による一党独裁体制を維持
- ・中国：共産党が支配体制維持を徹底，
- →民主化を要求する学生や市民のデモを武力制圧＝⓭ 　　　　　　　事件

ここがポイント

1980年代の日本では，何
がおきたのだろうか。

3　経済の国際化とバブル経済

- ・1980年代の日本では，大幅な対米貿易黒字がつづく
- →⓮ 　　　　　　　合意(1985)：為替相場をドル安・円高に誘導する合意
- →日本企業の海外移転が加速，東南アジアとの経済的結びつきが強まる
- ⇒日本人の海外旅行者の急増，外国人労働者の増加＝国際化の時代
- ・投資先を失った資金が土地と株に集中
- →地価や株価が異常な上昇をつづける＝⓯ 　　　　　　　経済
- →1990年代前半，地価と株価が暴落
- →日本経済は長い不況におちいる

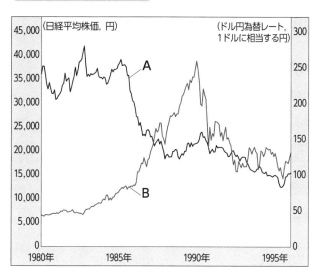

(1) 左のグラフは日経平均株価とドル円為替レートの推移を示したものである。

A・Bのうちドル円為替レートの変化を示しているのはどちらだろうか。

（　　　）

(2) Aが1985年に急激に変化したきっかけとなったできごとを答えよう。

（　　　　　　　　）

(3) Bは，1990年ころにかけて急激に上昇している。この現象はなんとよばれるだろうか。　（　　　　　　　）

◤ まとめの問いにチャレンジ ◢

整理　1980年代の経済の国際化は，日本にどのような影響をもたらしたのだろうか。

① 日本企業に対する影響についてまとめてみよう。

② 日本人のライフスタイルや日本社会に対する影響についてまとめてみよう。

+α　国によって経済成長や民主化の進展に違いが生じたのはなぜだろうか。

① 教科書 p.198～199でとりあげられているなかから２国を選び，経済成長や民主化の進展にどのような違いが生じたか，調べてまとめてみよう。

② ①でまとめた違いが生じたのはなぜか，調べてまとめてみよう。

50 冷戦の終結とソ連の解体

冷戦の終結は世界にどのような影響をもたらしただろうか。

ここがポイント

米ソの関係はどのように推移したのだろうか。

ここがポイント

ソ連では、なぜ改革の動きが生まれたのだろうか。

ここがポイント

ソ連の改革は、周辺諸国にどのような影響をあたえたのだろうか。

ここがポイント

1990年前後の日本では何がおきたのだろうか。

1　新冷戦と新保守主義

・1970年代前半，米ソ間のデタント（緊張緩和）がすすむ

→ソ連の❶ 　　　　　　　　　　　　　　侵攻（1979）

→米ソは新冷戦とよばれる緊張状態に

・アメリカ大統領❷ 　　　　　　　　　　　，対外的には反共・反ソの軍拡路線，国内では政府の役割を減らし経済活動を市場や民間にゆだねる

＝❸ 　　　　　　　　　　主義，イギリス首相❹ 　　　　　　　　　　も同様の路線をとる

2　ソ連の改革と東欧革命

・ソ連：❺ 　　　　　　　　　　　　　　政権のもとで政治が硬直化し経済も停滞，軍事費の負担が重いものに

→ソ連共産党書記長❻ 　　　　　　　　　　　　　　による改革

＝❼ 　　　　　　　　　　　　　（改革）

　❽ 　　　　　　　　　　　　　（情報公開）

　冷戦の発想を転換する❾ 　　　　　　　外交

→❿ 　　　　　　　　　　　　　　条約（1987），❶から撤退

・ソ連の改革に刺激を受け，東欧では民主化の動き＝⓫ 　　　　　　　革命

・東ドイツでは⓬ 　　　　　　　　　　　　　が開放され，西ドイツ主導で東西ドイツ統一（1990）

・⓭ 　　　　　　　　　　　　　では連邦を構成する共和国間の対立が表面化

→激しい内戦，７つの国に解体

3　ソ連の消滅

・❻とアメリカ大統領⓮ 　　　　　　　　　　はマルタ島で会談（1989）

→⓯ 　　　　　　終結

・ソ連は大統領制を導入，⓰ 　　　　　　　　　　とワルシャワ条約機構を解体

→ロシア連邦を中心とする⓱ 　　　　　　　　　　　　　結成，ソ連消滅

→⓯終結後のロシアや東欧諸国では，市場経済を取り入れ国の再建がすすむ

4　55年体制の崩壊

・1990年前後の時期は日本にとっても転機に：⓲ 　　　　　　　経済の崩壊，非自民の⓳ 　　　　　　　　　　内閣誕生＝⓴ 　　　　　　　体制の崩壊

1985	**ア** ( ) が書記長となる
	→ペレストロイカなどを実施
1986	**イ** ( ) 原発で大事故
1987	アメリカと**ウ** ( ) 条約調印
1989	**エ** ( ) から撤退
1989	**オ** ( ) 会談で冷戦終結宣言
1990	**ア**がソ連の大統領となる
1991	コメコンと**カ** ( ) 解体
	保守派のクーデタ→ソ連消滅，**キ** ( ) 結成

(1) 年表中の**ア**～**キ**に入る言葉を記入しよう。

まとめの問いにチャレンジ

整理 ゴルバチョフによる改革は，どのような影響をもたらしただろうか。

① ゴルバチョフによる改革がもたらした影響について，以下の表に整理してみよう。

東欧	
東ドイツ	
ユーゴス ラヴィア	

+α 新保守主義が登場した背景について考えてみよう。

① 新保守主義とはどのような政策だろうか。教科書も参考にまとめてみよう。

② ①をふまえ，＋αの問いについて調べてまとめてみよう。

51 地域紛争の頻発とアメリカの動揺

冷戦終結以降，国際情勢はどのように変化したのだろうか。

1 頻発する地域紛争と国際協調の動き

・冷戦終結

→民族対立の表面化，民族紛争や分離独立の動きが頻発

→国連は❶　　　　　　　　　　　　　を展開

・日本は，❷　　　　　　　　　　　　　　　　　法を制定して国

　連による平和構築に参加

ここがポイント

アメリカの動揺に対し，日本はどのように対応してきたのだろうか。

2 アメリカの動揺と日本

・ソ連消滅後，アメリカは「唯一の超大国」に

→❸　　　　　　　　　　のクウェート侵攻に対し，アメリカは多国籍軍を組織し

　て❸を撃退＝❹　　　　　戦争

・❺　　　　　　　　　　事件（2001）

→アメリカ大統領❻　　　　　　　　　　　　　　が「テロとの戦い」を宣言

→敵対する勢力への軍事作戦，❸の❼　　　　　　　　　　　政権打倒＝❸戦争

・日本の❽　　　　　　　　　　内閣は❾　　　　　　　をインド洋や❸

　に派遣しアメリカを積極的に支援

・アメリカの自国優先の行動は国際社会に亀裂を生む

→アメリカ大統領❿　　　　　　　　は国際協調を重視

→次の大統領⓫　　　　　　　はアメリカ第一主義を掲げる

・日本の⓬　　　　　　　　　内閣は一貫してアメリカを支持

→集団的自衛権の行使を可能とする⓭　　　　　　　　　　法成立

3 移行期にある国際社会

ここがポイント

現在の国際社会は，どのような問題をかかえているのだろうか。

・「⓮　　　　　　　　　　」：チュニジアやエジプト，リビアなどで長期

　独裁体制を打倒

→各地で内戦が連鎖，大量の人々がヨーロッパにおしよせ大きな問題に

　シリアや❸の内戦に乗じて「⓯　　　　　　　　　　　　」が勢力を拡大

　し，各地で無差別テロなどをおこす

・⓰　　　　　　　　　　：大国の地位を取り戻そうとつとめる

→ジョージア（グルジア）侵攻（2008），クリミア編入を宣言（2014）

・中国：「⓱　　　　　　　　」構想を掲げて東シナ海や南シナ海に進出

・アメリカの威信の低下

→G7は国際的な紛争や危機に有効に対応できず

・国連は「⓲　　　　　　　　　　　　」を採択

資料に取り組もう

年	できごと
1991	（　A　）戦争終結後，ペルシア湾へ（　B　）掃海艇派遣
1992	（　C　）法成立
1997	日米防衛協力のための指針（ガイドライン）改定
1999	周辺事態法などガイドライン関連法成立
2001	（　D　）対策特別措置法成立（2007年失効）
2003	（　E　）復興支援特別措置法成立（2009年失効），有事関連3法成立
2004	有事関連7法成立
2008	補給支援特別措置法成立（2010年失効）
2009	海賊対処法成立
2015	（　F　）法成立，新ガイドライン策定

(1) A〜Fに入る言葉を答えよう。

A（　　　　　　　　　　）

B（　　　　　　　　　　）

C（　　　　　　　　　　）

D（　　　　　　　　　　）

E（　　　　　　　　　　）

F（　　　　　　　　　　）

まとめの問いにチャレンジ

整理 冷戦終結後の国際情勢のなかで，日本はどのような立場にあるだろうか。

① アメリカとの関係や，「資料に取り組もう」で確認した自衛隊の海外派遣をめぐるできごとを参考に，日本の立場についてまとめてみよう。

+α 冷戦時代の地域紛争と冷戦終結後の地域紛争にみられる違いを調べてみよう。

① 冷戦時代の地域紛争と冷戦終結後の地域紛争をそれぞれ一つ選び，原因や関係国などについて調べてまとめてみよう。

+α 自国を優先する政策と国際協調を優先する政策，それぞれの利点と欠点を考えてみよう。

② 自国を優先する政策と国際協調を優先する政策をそれぞれ一つあげ，利点と欠点について調べてまとめてみよう。

103

52 グローバル化と地域統合の動き

グローバル化がもたらしたさまざまな影響を考えてみよう。

1 経済のグローバル化

・冷戦後の世界では，人，モノ，カネ，情報が国境をこえてかけめぐり，地球規模で緊密につながる→巨額の資金が国境をこえて動き，多国籍企業が増加，企業の海外進出も活発化

⇔グローバル化は深刻な危機ももたらす

❶_____：タイではじまり，アジア各国に拡大

❷_____：アメリカの投資銀行の破綻をきっかけとした金融危機，日本やヨーロッパの経済成長もマイナスに

ここがポイント
グローバル化が深刻な危機をもたらすのはなぜだろうか。

2 新興国の台頭

・新興国は順調な経済成長をつづける：❸_____（中国・インド・ブラジル・ロシア・南アフリカの5カ国）

・世界経済の運営：先進国中心のG7から新興国も加えた❹_____へ

⇔新興国はインフラや法整備の未整備，環境や人権保護が不十分，国内の所得格差が大きいといった課題もある

ここがポイント
台頭する新興国はどのような課題をかかえているのだろうか。

3 ヨーロッパ統合の動き

・❺_____条約(1993)：ヨーロッパ共同体（EC）は❻_____に

・❻は経済だけでなく司法・警察，外交・安全保障の面でも統合をすすめる

・単一通貨❼_____導入(2002)，加盟国は28カ国に拡大(2013)

⇔財政危機などをめぐる内部の足並みの乱れ，❽_____の❻離脱(2020)

ここがポイント
地域的経済統合にはどのようなメリットとデメリットがあるのだろうか。

4 地域的経済統合の広がり

・❻ではじまった地域的経済統合

→❾_____協定（NAFTA）や❿_____（MERCOSUR）など世界各地に広がる

・アジアでは⓫_____を中心として市場や政治・社会面でのさらなる統合がめざされる

・環太平洋地域では，⓬_____が自由貿易推進を目標に掲げる

・2018年には，環太平洋パートナーシップに関する包括的および先進的な協定（⓭_____）が発効

・経済的な統合の進展⇔外国人や移民を攻撃する排外主義の高まり，国内外における経済格差の拡大などの問題

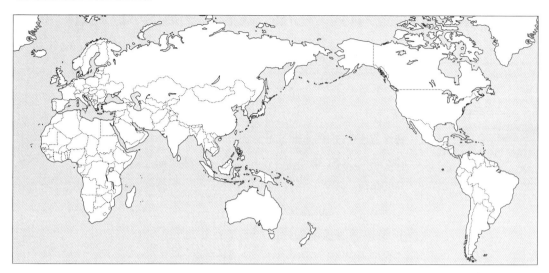

(1) ＡＳＥＡＮの加盟国を着色しよう。

(2) ＭＥＲＣＯＳＵＲの正式名称は何だろうか。 （ ）

(3) ＥＵ加盟国が何カ国か答えよう。 （ ）カ国

(4) ＮＡＦＴＡにかわる協定の略称を答えよう。 （ ）

まとめの問いにチャレンジ

整理 地域経済統合の動きを整理してみよう。

① 地域経済統合の動きについて，それぞれの経済統合の動きがどの地域に関わるものか，以下の表
に整理してみよう。

EU		APEC	
NAFTA		ASEAN+3	
MERCOSUR		CPTPP	
ASEAN			

＋α 冷戦後にグローバル化が進展したのはなぜだろうか。

① グローバル化とはどのような現象だろうか。教科書も参考に整理してみよう。

② 冷戦がグローバル化にあたえた影響に注意しながら，＋αの問いの答えを文章にまとめてみよう。

53 情報通信技術の発展と環境問題への対応

技術の発達は世界にどのような影響をおよぼしているだろうか。

ここがポイント

❶とはどのような社会だろうか。また、どのように実現したのだろうか。

1 高度情報社会の到来

・モノや資本に代わり情報の価値が高まった社会

＝❶ _____

・❶は急速な技術革新によって実現

　1970年代以降：❷ _____ の性能向上

　1990年代：❸ _____ の性能向上・低価格化，インターネットの急速な普及＝❹ _____ 革命

2 情報通信技術の発展がもたらしたもの

・ＩＣＴの発展：経済や社会に大きな影響

→グローバル化の加速，第3次産業の重要性の高まり，ソーシャル＝ネットワーキング＝サービス(❺ _____)の浸透，❻ _____(ＡＩ)技術の発展，ビッグデータの活用

・❶の弊害：不正アクセス，❸・ウイルスによる個人情報の流出，サイバー＝テロ，❼ _____ 権侵害の横行，デジタル＝デバイド

3 エネルギー問題と環境問題

ここがポイント

エネルギー問題と環境問題はどのような関係にあるのだろうか。

・❽ _____ の大量消費

→❾ _____ の排出＝地球温暖化の一因

・❿ _____ 力：❽に代わるエネルギーとして期待されたが，東日本大震災(2011)にともなう❿力発電所事故をきっかけに問題点が改めて認識

・⓫ _____ エネルギーの利用も進展：太陽光や風力，地熱など

・大量生産・大量消費を特徴とする現代社会：膨大な資源・エネルギーの使用を前提，大量の廃棄物や排出物を生み出す

→エネルギー問題は地球温暖化や放射性廃棄物の問題，大気汚染，熱帯雨林の破壊といったグローバルな課題に直結

4 環境問題への国際的対応

・⓬ _____ 条約(1992)

→⓬条約締約国会議（ＣＯＰ）の開催

・第3回会議（ＣＯＰ3）：⓭ _____ 議定書の採択⇔米・中は不参加

・第21回会議（ＣＯＰ21）：開発途上国を含むすべての参加国に排出削減努力を求める⓮ _____ 協定採択

・国連で採択された「⓯ _____」(2015)でも環境問題対策を重視

資料に取り組もう

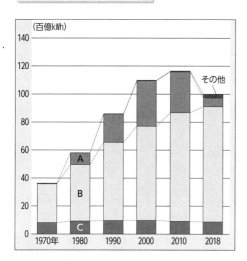

(1) 左のグラフは日本の電源別発電電力量の推移を示している。A～Cがそれぞれ火力，原子力，水力のどれを示しているか選んでみよう。

A（　　　　　　）

B（　　　　　　）

C（　　　　　　）

(2) Aが2010年から2018年にかけて減少しているのはなぜだろうか。原因となったできごとを答えよう。

（　　　　　　　　　　　　　　　　　　　　　）

まとめの問いにチャレンジ

整理 ＩＣＴの発達によって，経済や社会はどのように変化したのだろうか。

① ＩＣＴの発達が経済や社会にもたらした変化について，肯定的に評価できる点をまとめてみよう。

② ＩＣＴの発達が経済や社会にもたらした変化について，否定的に評価しなければならない点をまとめてみよう。

+α 環境問題に対して，私たちはどのように取り組むべきだろうか。

① 環境問題に対して，これまであなたが取り組んできたこと，また現在取り組んでいることを簡潔にまとめてみよう。

② ①や教科書も参考に，環境問題に対して，私たちはどのように取り組むべきか，あなたの意見をまとめてみよう。

54 要点チェック①

1　周辺の地を文化程度の低い地とみなす中国歴代王朝の思想…………（　　　　　　　　）

2　17世紀はじめに薩摩藩の攻撃を受け，その支配下に入った国………（　　　　　　　　）

3　メキシコなどから清に大量に流入し，納税などに使用された貴金属（　　　　　　　　）

4　サツマイモの栽培を積極的にすすめた江戸時代の学者……………（　　　　　　　　）

5　バタヴィアを拠点にアジアの海の貿易ネットワークに参入した組織（　　　　　　　　）

6　カリブ海地域の植民地などで発達した，単一の商品作物を生産する大農園
　…………………………………………………………………………（　　　　　　　　）

7　スティーヴンソンが実用化した乗り物……………………………（　　　　　　　　）

8　一部の人々のみが利益を得る不平等を改め，全体の幸福のために理想社会をめざす思想・運動
　…………………………………………………………………………（　　　　　　　　）

9　『コモン＝センス』を著してイギリス国王を批判した人物…………（　　　　　　　　）

10　アメリカ合衆国の初代大統領…………………………………………（　　　　　　　　）

11　フランス革命により処刑された国王…………………………………（　　　　　　　　）

12　恐怖政治をおこなったジャコバン派の中心人物……………………（　　　　　　　　）

13　フランス革命中軍人として活躍し，のちフランス皇帝になった人物（　　　　　　　　）

14　13が1806年に発布した，大陸諸国の海外貿易を禁止する法令………（　　　　　　　　）

15　13の最終的な敗北が決定した1815年の戦い…………………………（　　　　　　　　）

16　13失脚後，19世紀前半に成立したヨーロッパの国際秩序……………（　　　　　　　　）

17　ラテンアメリカで独立運動を指導した植民地生まれの白人…………（　　　　　　　　）

18　産業革命からアメリカ独立革命やフランス革命を経て，ラテンアメリカの独立に至る一連の社
　会システムの変革………………………………………………………（　　　　　　　　）

19　国民投票でフランス皇帝となり，第二帝政を樹立した人物…………（　　　　　　　　）

20　19世紀，イギリスを中心に成立した世界的な分業体制………………（　　　　　　　　）

21　世界中から農産物や工業原料を輸入し，工業製品を輸出するようになった，19世紀のイギリス
　をさす言葉………………………………………………………………（　　　　　　　　）

22　イタリア統一の中心となったサルデーニャ王国の首相……………（　　　　　　　　）

23　両シチリア王国を征服し，サルデーニャ国王に捧げた人物…………（　　　　　　　　）

24　ドイツ統一の中心となったプロイセン王国の首相…………………（　　　　　　　　）

25　1853年におきたオスマン帝国とロシアの戦争………………………（　　　　　　　　）

26　ロシア皇帝が農民の自由を認めた1861年の法令……………………（　　　　　　　　）

27　24の調停で1878年に開かれた国際会議………………………………（　　　　　　　　）

28　アメリカの西部開拓の最前線…………………………………………（　　　　　　　　）

29　アメリカ北部を地盤に結成された，奴隷制の拡大阻止を求める政党（　　　　　　　　）

55 要点チェック②

1 1876年にオスマン帝国で制定されたアジア初の憲法………………( )
2 フランス人レセップスが1869年に完成させた運河……………………( )
3 列強による経済支配に反発して1881年に蜂起したエジプトの軍人…( )
4 1885年にインドのエリート層によって結成された会議……………( )
5 農業労働者や鉱山労働者として東南アジアに流入した中国系移民…( )
6 アヘン戦争で敗れた清が，1842年にイギリスと結んだ条約…………( )
7 1856年，イギリスがフランスと共同して清に対しておこした戦争…( )
8 1854年に日米間で締結され，下田・箱館の開港などを定めた条約…( )
9 1858年に日米間で締結され，領事裁判権の承認や関税自主権の放棄などを定めた条約
  ………………………………………………………………………( )
10 清において，曾国藩ら李鴻章らの主導ですすめられた近代化の試み( )
11 1868〜69年にかけておこった明治新政府と旧幕府側の間の内戦……( )
12 幕末から明治初年の日本における一連の大きな変革………………( )
13 江華島事件を機に，1876年に日本が朝鮮に結ばせた不平等条約……( )
14 ベトナムに対する宗主権を主張する清と，フランスの間の戦争……( )
15 1875年，明治政府がロシアとの間で北方の領土を確定した条約……( )
16 明治時代の日本でおきた国民の政治参加や国会開設をめざす運動…( )
17 1889年に日本で制定されたアジア第二の近代憲法…………………( )
18 市場や原料供給地，資本の投下先などを求めて植民地や勢力範囲を拡大する膨張主義
  ………………………………………………………………………( )
19 1889年に結成された国際的な労働者組織………………………………( )
20 世界政策を唱え，積極的な海外進出をすすめたドイツ皇帝…………( )
21 ビスマルクの提唱で開催されたアフリカ分割に関する会議…………( )
22 日清戦争のきっかけとなった，1894年に朝鮮でおきた大規模な農民蜂起( )
23 ロシアがドイツ・フランスとともに遼東半島を清に返還するよう日本に要求した事件
  ………………………………………………………………………( )
24 1898年，清の改革派の知識人が改革を求めておこした運動…………( )
25 1905年に調印された日露戦争の講和条約……………………………( )
26 1908年，憲法を復活させ立憲政治を実現したオスマン帝国の革命…( )
27 貨幣制度の安定のため，1882年に日本で設立された銀行……………( )
28 鉄鋼業発展のため，1897年に日本で設立された官営の製鉄所………( )
29 韓国を日本の植民地とすることを定めた1910年の条約………………( )
30 1905年に孫文が東京で創設した革命団体……………………………( )

56 要点チェック③

1. パン＝スラヴ主義に対抗するドイツ・オーストリアの主張……………（　　　　　）

2. 第一次世界大戦に参戦した日本が加わった陣営…………………………（　　　　　）

3. 国のあらゆる力と技術を投入する戦争の形態……………………………（　　　　　）

4. 1915年に日本が中国に突きつけた要求……………………………………（　　　　　）

5. 第一次世界大戦を背景に日本で出現した好景気…………………………（　　　　　）

6. ソヴィエト政権が第一次世界大戦離脱時にドイツと結んだ条約………（　　　　　）

7. 第一次世界大戦中のロシアで皇帝が退位した革命………………………（　　　　　）

8. 「すべての権力をソヴィエトへ」と訴えたボリシェヴィキ指導者………（　　　　　）

9. ロシアでボリシェヴィキが臨時政府を倒して政権を獲得した革命……（　　　　　）

10. シベリア出兵などを背景に米価が上昇し，日本で暴動がおきた事件（　　　　　）

11. ロシア共産党が世界革命をめざして結成した国際組織…………………（　　　　　）

12. 1922年に成立したソ連の正式名称…………………………………………（　　　　　）

13. 第一次世界大戦の講和会議…………………………………………………（　　　　　）

14. 1920年に結成された世界初の集団的国際安全保障機構………………（　　　　　）

15. 第一次世界大戦後に形成された東アジア・太平洋の国際秩序………（　　　　　）

16. 1919年にドイツで制定された民主的な憲法……………………………（　　　　　）

17. 戦争を国際紛争解決の手段としないことを約束した1928年の条約…（　　　　　）

18. 祖国解放運動を指導し，トルコ共和国の初代大統領となった人物…（　　　　　）

19. アラビア半島の統一をすすめサウジアラビア王国をたてた人物……（　　　　　）

20. 第一次世界大戦後のエジプトで民族運動の中心となった政党………（　　　　　）

21. 非暴力・不服従の運動を指導したインド民族運動の指導者…………（　　　　　）

22. インドネシアで国民党を結成し，独立をめざした指導者……………（　　　　　）

23. 第一次世界大戦後の朝鮮でおきた独立運動………………………………（　　　　　）

24. 新文化運動に応じ，『阿Q正伝』を発表した人物………………………（　　　　　）

25. 北京の学生たちの抗議デモからはじまった1919年の反日運動………（　　　　　）

26. 軍閥打倒を目的とした中国国民党と中国共産党の提携………………（　　　　　）

27. 孫文の死後，中国国民党の指導者となった人物………………………（　　　　　）

28. 北伐による中国統一を妨害するため，日本が山東省に出兵した事件（　　　　　）

29. ロンドンにかわって世界の金融の中心となった都市…………………（　　　　　）

30. ベルトコンベヤによる流れ作業などを取り入れ，自動車の生産効率を飛躍的に高めたアメリカ
の自動車メーカー創設者……………………………………………………（　　　　　）

31. 白人でアングロ＝サクソン系のプロテスタントを意味する略称……（　　　　　）

32. 1919年のアメリカで制定された酒類の製造・販売を禁止する法律…（　　　　　）

57 要点チェック④

1 ニューヨーク・ウォール街での株価大暴落を機に資本主義国に波及した恐慌

……………………………………………………………………（　　　　　　　　）

2 ニューディールとよばれる一連の政策をすすめたアメリカ大統領…（　　　　　　　　）

3 1931年，日本の蔵相として金輸出を再禁止した人物………………（　　　　　　　　）

4 レーニンの死後，ソ連で権力を握り，独裁体制をかためた人物……（　　　　　　　　）

5 ファシスト党を率い，1922年にイタリア首相に就任した政治家……（　　　　　　　　）

6 ナチ党を率い，1934年に大統領と首相を兼ねる総統に就任した人物（　　　　　　　　）

7 1932年，日本の海軍将校らが首相官邸を襲撃した事件………………（　　　　　　　　）

8 1936年に日本でおきた皇道派の青年将校らによるクーデタ…………（　　　　　　　　）

9 満洲事変の契機となった1931年の関東軍による鉄道線路爆破事件…（　　　　　　　　）

10 スペイン内戦を引きおこした軍部の指導者…………………………（　　　　　　　　）

11 1937年，日独伊が反コミンテルンを掲げて結んだ協定………………（　　　　　　　　）

12 第 2 次国共合作のきっかけとなった張学良らによる事件……………（　　　　　　　　）

13 日中戦争のきっかけとなった1937年 7 月の事件………………………（　　　　　　　　）

14 議会の承認なしに労働力や物資を戦争のために利用することを認めた1938年制定の日本の法律

……………………………………………………………………（　　　　　　　　）

15 ズデーテン地方併合を求めるドイツの要求を認めた会談……………（　　　　　　　　）

16 1941年，米英の首脳が戦後秩序の構想を明らかにした文書…………（　　　　　　　　）

17 極東の安全保障を確保するため，日本とソ連が1941年に結んだ条約（　　　　　　　　）

18 欧米列強からアジアを解放することをうたった日本の構想…………（　　　　　　　　）

19 ソ連軍がドイツ軍に大勝した1943年の戦い……………………………（　　　　　　　　）

20 ドイツの戦後処理とソ連の対日参戦を決定した連合国側の会談……（　　　　　　　　）

21 1945年 7 月に連合国が発表し，日本が 8 月14日に受諾した宣言……（　　　　　　　　）

22 1945年10月に発足した51の加盟国からなる国際組織…………………（　　　　　　　　）

23 国際紛争に対する武力制裁の決定権をもつ22の主要機関……………（　　　　　　　　）

24 1944年のブレトン＝ウッズ会議で設立が決定された，各国の通貨安定のための融資を目的とし

た機関…………………………………………………………………（　　　　　　　　）

25 1947年にアメリカが発表したヨーロッパへの経済支援計画…………（　　　　　　　　）

26 1949年にアメリカ・カナダと西欧諸国が結成した相互防衛組織……（　　　　　　　　）

27 戦後の日本で民主化をすすめた連合国軍最高司令官…………………（　　　　　　　　）

28 1950年 7 月にＧＨＱが創設を指令し，再軍備の第一歩となった組織（　　　　　　　　）

29 独立後のアメリカ軍の日本駐留を認めた1951年の条約………………（　　　　　　　　）

30 原水爆禁止運動が日本全国に広がるきっかけとなった1954年の事件（　　　　　　　　）

58 要点チェック⑤

1. スエズ運河国有化を宣言したエジプト大統領‥‥‥‥‥‥‥‥‥‥‥‥（　　　　　　　）
2. 1947年に独立した，ヒンドゥー教徒主体の南アジアの国家‥‥‥‥‥（　　　　　　　）
3. 1954年に締結されたインドシナ戦争の休戦協定‥‥‥‥‥‥‥‥‥‥（　　　　　　　）
4. アフリカ諸国の多くが独立した1960年の通称‥‥‥‥‥‥‥‥‥‥‥（　　　　　　　）
5. 1955年にインドネシアで開催され，平和十原則が採択された会議‥‥（　　　　　　　）
6. 第三世界と先進国との経済格差や，経済支配をめぐる問題の通称‥‥（　　　　　　　）
7. 1961年に東ドイツ政府が東西ベルリンの境界線上に築いたもの‥‥‥（　　　　　　　）
8. ソ連がキューバにミサイル基地を建設したことから生じた全面核戦争の危機
　‥‥‥‥‥‥‥‥‥‥‥‥‥‥‥‥‥‥‥‥‥‥‥‥‥‥‥‥‥‥‥‥（　　　　　　　）
9. 1968年にチェコスロヴァキアでおきた自由化・民主化を求める運動（　　　　　　　）
10. ヨーロッパ経済共同体が発展して，1967年に発足した組織‥‥‥‥‥（　　　　　　　）
11. 1956年に日本とソ連が国交を回復した宣言‥‥‥‥‥‥‥‥‥‥‥‥（　　　　　　　）
12. 公害問題に対応するため1967年に日本で制定された法律‥‥‥‥‥‥（　　　　　　　）
13. 1965年に日本と韓国が国交を樹立した条約‥‥‥‥‥‥‥‥‥‥‥‥（　　　　　　　）
14. 毛沢東が開始し，10年間にわたって中国で展開された権力闘争‥‥‥（　　　　　　　）
15. ベトナムからの撤退を断行したアメリカ大統領‥‥‥‥‥‥‥‥‥‥（　　　　　　　）
16. 1972年に日本と中国の国交正常化を実現した声明‥‥‥‥‥‥‥‥‥（　　　　　　　）
17. パレスチナ人がイスラエル打倒を掲げて結成した組織‥‥‥‥‥‥‥（　　　　　　　）
18. 石油危機以降開催されるようになった先進国首脳による協議の場‥‥（　　　　　　　）
19. イランで1979年に王政を打倒したシーア派の最高指導者‥‥‥‥‥‥（　　　　　　　）
20. 1967年にインドネシアやマレーシアなど5カ国が結成した組織‥‥‥（　　　　　　　）
21. 市場経済を取り入れた改革・開放政策をすすめた中国の指導者‥‥‥（　　　　　　　）
22. 1985年，為替相場をドル安・円高に誘導することを決めた合意‥‥‥（　　　　　　　）
23. ゴルバチョフと会談し，冷戦に終止符を打ったアメリカ大統領‥‥‥（　　　　　　　）
24. 国連による平和構築に加わるため，1992年に日本で制定された法律（　　　　　　　）
25. クウェートに侵攻したイラクと多国籍軍との戦争‥‥‥‥‥‥‥‥‥（　　　　　　　）
26. 国連が2015年に採択した「持続可能な開発目標」の略称‥‥‥‥‥‥‥（　　　　　　　）
27. 2008年，アメリカの投資銀行の破綻を契機におきた世界的金融危機（　　　　　　　）
28. 1993年のマーストリヒト条約発効によって成立した地域共同体‥‥‥（　　　　　　　）
29. 環太平洋地域で自由貿易の推進を目標に掲げるAPECの正式名称（　　　　　　　）
30. 1990年代の世界で，コンピュータの性能向上・低価格化とともに，インターネットが急速に普及したことによる社会や生活の急激な変化‥‥‥‥‥‥‥‥‥‥‥‥‥‥‥‥（　　　　　　　）
31. 2015年のCOP21で採択された協定‥‥‥‥‥‥‥‥‥‥‥‥‥‥‥‥（　　　　　　　）